초등 블렌디드, 어디까지 해봤니?

온라인 학급 운영부터
프로젝트 수업까지

초등 블렌디드,
어디까지 해봤니?

초판 1쇄 발행| 2020년 3월 25일

지은이| 한난희, 이정석

발행인| 김병주
COO| 이기택
CMO| 임종훈
뉴비즈팀| 백헌탁, 이문주, 김태선, 백설
행복한연수원| 이종균, 박세원, 이보름, 반성현, 남기연, 고요한
에듀니티교육연구소| 조지연
경영지원| 한종선, 박란희
편집부| 이하영, 신은정, 최진영, 김준섭
디자인| 지수

펴낸곳| ㈜에듀니티
도서문의| 070-4342-6114
일원화 구입처| 031-407- 6368 ㈜태양서적
등록| 2009년 1월 6일 제300-2011-51호
주소| 서울특별시 종로구 인사동5길 29, 태화빌딩 9층

이메일| book@eduniety.net
홈페이지| www.eduniety.net
페이스북| www.facebook.com/eduniety
네이버포스트| post.naver.com/eduniety

문의하기

투고안내

온라인 학급 운영**부터**
프로젝트 수업**까지**

초등
블렌디드,
어디까지
해봤니?

한난희·이정석 지음

2016년 개최된 세계 경제 포럼(WEF)에서는 현재 초등학생들이 사회에 진출할 즈음, 많게는 현존 직업의 70퍼센트가 사라질 것이라고 예측했다. 현재 학교에서 배우는 내용이 사회 구성원으로서 직업 현장에 나갈 때 별 도움이 되지 못할 수도 있다는 뜻이다. 이에 따라 기존의 세상과는 전혀 다를지도 모르는 미래 사회에 대비하기 위해 학생들에게 어떤 사회에서든 살아나갈 수 있는 힘, 즉 '핵심 역량'을 길러주기 위한 교육 논의가 계속됐다. 2009 개정 교육과정을 거쳐 2015 개정 교육과정에서도 그 중요성이 강조된다.

그럼에도 등교 수업의 모습은 크게 달라지지 않았다. 그러다 전혀 예상하지 못한 시점에 전 세계가 엄청난 변화를 맞이했다. 2019년 12월 중국 우한에서 처음 발생한 이후 세계 각지로 확산된 코로나19로 인해 사람 간 대면접촉을 기피하는 언택트 문화가 확산된 것이다. 학교 역시 온라인 개학이라는 전혀 새로운 형태의 교육에 도전해야 했다. 학생들과 동료 교사들에게 "앞으로 과학 기술이 발전한다면 학교에 오지 않고 집에서 수업할 것이며, 일주일에 한 번 정도 체육이나 체험학습을 위해 등교하는 날이 올 것이다"라고 농담처럼 이야기하곤 했는데, 먼 훗날의 일이라고 생각하던 일이 다소 형태는 다르지만 교육 현장에 현실로 다가왔다.

우리나라는 세계에서 손꼽히는 컴퓨터와 스마트폰의 높은 보급률을 앞세워 가정에서 수업 받는 온라인 개학을 실시했다. 원격 수업은 크게 '실시간 쌍방향 수업', '콘텐츠 활용 수업', '과제 수행 수업'의 세 가지 형태로 시작됐다. 현장에서는 코로나19가 곧 종식될 것이라 낙관적으로 생각하고, 단기적인 계획을 연장해가며 원격 수업을 이어나갔다. 이 과정에서 대부분의 원격 수업이 단순한 콘텐츠 제공이나 과제 제시형으로 진행됨에 따라 학생과 학부모들의 원격 수업 만족도가 낮아졌다.

'현재 진행되는 방식의 원격 수업이 학생들에게 핵심 역량을 길러주겠다는 교육 목표를 달성하는가?'

의문도 제기됐다. 이에 따라 교육부와 교육청을 중심으로 실시간 쌍방향 수업을 대폭 확대하려는 움직임이 일어났지만, 실시간 쌍방향 수업이 모든 문제의 해결책도 아닐뿐더러 모든 학교급과 학년에 똑같이 적용될 수 있는 최선의 방책은 아니라는 의견도 분명 존재했다.

우리 학급은 온라인 개학 이전부터 실시간 쌍방향 수업을 준비했으며, 온라인 개학날이었던 4월 16일부터 실시간 쌍방향 수업을 했다. 수업 형태가 몇 차례 변화한 후 등교 수업과 실시간 쌍방향 수업을 기본으로 콘텐츠 활용 수업과 과제 수행 수업을 보조로 실시하는 형태가 자리 잡았다. 출석 체크와 하루 일과를 안내하는 정도에서 6교시 전체를 실시간 쌍방향 수업으로 진행해보는 것까지, 보다 교육적 효과가 높은 방법을 찾으려 노력한 결과 단순히 한 가지 형태의 원격 수업보다는 학교급 및 학생 특성을 고려한 복합적인 원격 수업이 효과가 있음을 경험했다. 이와 함께 오프라인 등교 수업과 온라인 원격 수업이 상호보완되는 블렌디드 러닝에 대한 고민도 시작됐다.

조금은 다른 이야기지만, 학교에서 공문이나 메신저로만 업무를 안내하면 예상 외로 다시 문의하는 교사들이 많다. 단순히 텍스트만으로 정보를 전달할 경우 의도가 100퍼센트 전달되기 어렵다는 것을 증명하는 좋은 예다. 교사 집단에서도 텍스트만으로 100퍼센트 의사 전달이 어렵다면 교사와 학생, 학생과 학생, 교사와 학부모 간의 의사 전달에 대해서는 굳이 이야기할 필요가 없을 것이다. 이러한 상황을 고려한다면 단순히 수업 콘텐츠나 과제를 제시하는 형태의 원격 수업만으로 학생들이 학습 목표에 도달하리라 기대하는 것은 불가능을 기대하는 셈이다.

우리 학급에서 경험하고 도달한 결론이 모든 학급에서 적용 가능한 정답이라고 할 수는 없지만, 그래도 실시간 쌍방향 수업을 기본으로 한 원격 수업과 등교 수업의 결합을 시작하려는 전국의 선생님에게 우리 학급의 경험을 공유하고자 한다. 지금부터 교실 수업을 원격상에서 구현하려 고민한 과정과 수업 사례, 등교하지 않고도 교우관계를 경험하게 해주려 노력한 일까지 지난 1년 동안의 우리 학급 이야기를 시작해 보려고 한다.

이정석

| 차례 |

| 3부 | 프로젝트 수업까지

|1부|

원격 수업
준비하기

기획하기

플랫폼 선택

매년 3월 2일은 교사들이 가장 긴장하는 날이다. 개학날이기 때문이다. 첫 단추를 잘 꿰고 싶은 마음은 누구나 같을 것이다. 교사들 역시 등교 첫날 학생들과 어떤 학급을 만들어나갈지 고민하며 방학부터 이것저것 준비한다. 여러 날 차곡차곡 준비한 것을 잘 펼치려고 하니 부담과 긴장이 자동으로 따라온다. 결국 온몸의 에너지를 다 써버리게 되지만, 그래도 기분 좋게 출발하는 날이기도 하다. 하지만 2020년의 3월 2일은 개학 연기로 인한 걱정만 한가득 남긴 채 지나가 버렸다. 그 뒤로는 온라인 개학을 준비하는 매일매일이 3월 2일 같았다. 오랫동안 준비한 것을 새로운 상황에 맞춰 바꿔야 하는 탓에 온몸의 에너지를 다 써버리는 하루하루였다. 보통 상황을 파악한 다음에야 무언가 시작하곤 했는데, 일단 시작하고 나서 상황을 파악하려니 더욱더 당황스러웠다. 원격수업도 그랬다.

온라인 개학 전 교육부에서 제시한 원격 수업의 형태는 실시간 쌍방향 수업, 콘텐츠 활용 중심 수업, 과제 수행 중심 수업 총 세 가지였다. 이 중 실시간 쌍방향 수업에 대한 고민이 가장 깊었다. 교육부에서는 e학습터나 EBS클래스 등을 권장했지만, 이들 플랫폼은 홈페이지 형식이라 상시·즉각적인 소통이 어렵다는 단점이 있었다.

이러한 문제 때문에 많은 학급에서 클래스팅을 선택했다. 많은 교사와 학생, 학부모가 SNS 소통망으로 이미 클래스팅을 사용 중인데다 원격 수업을 위한 별도 페이지가 있어 진입 장벽도 낮았다. 앱만 설치하면 바로바로 소통할 수 있다는 것도 큰 장점이었다. 실시간 쌍방향 수업이 불가능하다는 단점은 줌을 병행 사용함으로써 해결했다.

줌에서는 별도의 확장 프로그램 없이도 교사와 학생이 함께 공유 화면에 글씨를 쓰고, 그림을 그릴 수 있다. 또 소회의실 기능을 활용한 모둠 구성이 가능하다. 소회의실은 랜덤 자동 배치, 교사가 소회의실별로 참여 학생을 선택하는 수동 배치, 미리 만들어둔 소회의실 목록을 보고 학생들이 직접 참가 등 총 세 가지 방식으로 설정할 수 있다.

원격 수업을 시작하면서 구글 클래스룸에 대해서도 알게 됐다. 지-스위트(G-suite) 계정은 교육청을 통해 발급받을 수 있고, 학생들의 계정은 학교에서 일괄 생성한 다음 안내할 수 있다. 익숙한 플랫폼이 아니라 새롭게 배워야 한다는 부담감이 있지만, 구글 드라이브의 용량이 무제한이라는 무시할 수 없는 장점이 있다. 다양한 자료와 링크를 마음껏 첨부할 수 있고, 학생들이 작성한 과제는 드라이브에 자동 저장된다. 다른 수업을 가져와 학급 특성에 맞게 재구성하는 것도 가능하다.

구글 클래스룸은 아무것도 없는 도화지 같아서 몇 가지 활용 방법만 알면 학급 특성별로 교사가 마음껏 꾸미고 활용할 수 있다. 구글 미트를 활용하면 실시간 쌍방향 수업용 플랫폼을 따로 운영할 필요도 없다. 구글에서 제공하는 다양한 확장 프로그램을 찾아보는 재미도 쏠쏠하다. 패들렛 같은 사이트도 링크만 첨부하면 수업에 쉽게 활용할 수 있다.

클래스팅이나 구글 클래스룸이 원활한 블렌디드 수업을 위한 기본 플랫폼이라면, 패들렛은 보조 플랫폼으로 쓸 만하다. 학습 관리 시스템으로 활용하기는 어렵지만 서식이 다양해 원격 수업 활동, 포트폴리오 제작, 출석 체크, 소통, 평가 등이 가능하다. 협업이 가능한데다 이미지와 영상 등 다양한 파일을 업로드할 수 있고 스마트폰으로 사용하기 편리한 것도 장점이다.

원격 수업 플랫폼은 현재 클래스팅, 구글 클래스룸 외에도 여러 개가 존재한다. 이 중 무엇이 제일 좋다고 말할 수는 없다. 학교급, 학년, 학교와 학생들의 특성 또는 교사의 차이와 상황을 고려해 적합한 플랫폼을 선택하면 된다. 다만 학교 전체는 아니어도 동학년끼리는 같은 플랫폼을 사용하는 것이 좋다. 그래야 개별적으로 제작한 원격 수업 콘텐츠를 서로 공유하기가 편리하며, 혹시라도 플랫폼 운영에 문제가 생길 때 동학년이 힘을 합쳐 수월하게 해결할 수 있기 때문이다.

학년 협의

1년의 교육과정을 전체적으로 계획하고 나면, 이지에듀로 주간 학습 안내를 만든다. 이지에듀로 만든 주간 학습 안내는 학생과 교사의 상황을 세심하게 고려한 결과물이 아니라 그대로 원격 수업으로 옮기기 어렵다. 그래서 학년 교육과정을 원격 수업에 적용하기 위한 협의가 필요하다. 교육과정을 재구성한 경우라면 더더욱 그렇다.

원격 수업이 시작된 2020년 학기 초에는 함께 공유해야 할 문제도, 해결해야 할 상황도 많이 발생했다. 한 번으로는 협의를 마무리할 수가 없었다. 그런데 수요일쯤 협의하면 목요일까지 보완하기가 빠듯하고, 금요일로 미루자니 협의에 따라 수업을 보완할 시간이 부족했다. 쫓기고 쫓기다가 겨우 찾은 최적의 협의 시기는 화요일과 목요일이었다. 주 초반과 후반에 한 번씩 협의한 셈인데, 주 초반에는 주로 이런 내용으로 협의했다.

- 차주 수업 방향과 주요 행사 공유하기
- 장기적인 원격 수업을 위해 차주 학생들과 익혀나가야 할 것 협의하기
- 내용에 맞는 원격 수업 형태, 수업 방법에 대한 대략적인 아이디어 나누기
- 원격 수업으로 제작할 담당교과 배분하기

차주 수업 방향을 공유하고, 각자 교과를 담당하자 수업 방향 구상에 일관성이 생겼다. 주요 행사도 좀 더 관련된 내용으로 구상할 수 있어 전체적으로 수업 내용이 산만해지지 않았다. 수업 방향 공유는 주제 중심으로 교육과정을 재구성할 때 특히 필요하다. 가능한 한 다른 교과목과 학교의 주요 행사를 주제 중심 교육과정 재구성 내용과 연계하기 위해서다.

장기적인 원격 수업을 위해 학생들과 함께 익혀나가야 할 것들이 무엇인지 계획하여 차근차근 수업으로 옮겼다. 원격 수업으로도 해야 하는 공동체 만들기, 토의 토론 학습의 기반 다지기, 프로젝트 수업을 위한 질문 만들기, 기본적인 학습 훈련 등. 모두 단기간에 이루어지는 것이 아니라서 협의를 통해 단계별로 적용해갔다. 무슨 과목에서, 어떤 방법으로 가능한지도 함께 고민했다.

'수업 내용을 어떤 원격 수업의 형태로 적용할까? 어떻게 적용할까? 실시간 쌍방향 수업은 어떤 교과에서 할까?'

동학년과 협의하면 수업 아이디어도 자연스레 나온다. 혼자라면 '이게 될까?' 싶은 것도 몇 명이 의견을 보태면 이미 된 것 같고, 더해볼 수 있을 것 같다. 수업 내용에 대해 여러 아이디어를 나누고, 보완했다. 이 과정에서 정말 많은 아이디어를 얻었다. 함께해보고 싶은 아이디어는

동학년과 나누면서 문제 상황을 예측한 뒤 보완했다. 어떤 아이디어는 동학년과 함께할 때 더욱 빛나기도 했다.

원격 수업으로 제작할 담당교과도 배분했다. 교사 개인이 모든 교과의 원격 수업을 준비하는 것은 쉬운 일이 아니다. 주당 수업시수를 고려해 교사별로 담당교과를 정하는 것이 효과적이다. 수업시수를 공평하게 나누려다 보니 담당교과가 정해진 경우와 정해지지 않은 경우 두 가지 모두 경험할 수 있었는데, 담당교과가 정해진 편이 확실히 효과적이었다. 예를 들어, 이번 주 수업이 다음 주와 연결된다면 처음 구상한 사람이 계속 만드는 편이 일관성도 있고 작업 속도도 더 빨랐다.

주 초반의 학년 협의를 바탕으로 각자 내용을 정리하고 보완한 다음, 주 후반에는 이런 내용을 협의했다.

- 수업 내용에 따른 수업 형태와 방법의 적절성
- 하루 기준의 학습량, 난이도의 적절성
- 한 주 동안 원격 수업 시 발생할 수 있는 문제점과 해결 방법 공유
- 학급별로 진행 예정인 온라인 학급 행사 정보 공유

각자가 계획한 수업 내용과 수업 형태, 방법이 적절한지 살펴본 이후 학생 입장에서 하루 학습량과 난이도가 적절한지 점검했다. 원격 수업 초반에는 천천히, 학습 방법을 익히게끔 해주는 것이 중요하다. 학습량이 너무 많거나 내용이 어려우면 포기하는 학생이 생길 수도 있기 때문이다. 계획한 내용과 방법을 살펴보며 하루 학습량과 난이도를 점검하고 많이 힘들 것 같은 날은 몇몇 학습 내용을 다른 날과 바꾸는 방법으

로 매일 적절한 균형을 유지했다.

수업을 계획하다 보니 원격 수업 적용 시 발생할 문제점이 예상되기도 했다. 예상대로 토의 토론, 모둠 활동 등을 처음 적용할 때 문제 상황이 많이 생겼다. 실시간 쌍방향 수업에서의 모둠 활동이나 발표 내용 공유도 문제였다. 이런 문제도 동학년 협의에서 해결 방법을 찾고, 보완해나갔다.

원격 수업을 위한 동학년 협의가 끝나면 확정된 주간 학습 계획을 가정에 안내하고, 수업을 좀 더 보완하여 원격 수업 플랫폼에 탑재했다. 협의하며 작성한 구글 스프레드시트 내용을 복사하면 간단하게 주간 학습 안내 완성! 수업 탑재도 완성이다!

---

001 | **협의 자료 공유에 편리한 구글 스프레드시트**

동학년 협의 내용을 바로바로 기록하고, 협의 후 떠오르는 아이디어를 즉시 기록할 방법이 필요했습니다. 기존의 문서 파일에 각자의 아이디어를 기록하면 그걸 모으는 것도 일이니까요. 주 초반과 후반의 협의 내용을 바로바로 기록하고, 협의 후에도 각자 언제든 기록하고 함께 볼 수 있는 구글 스프레드시트를 만들어 공유하면 편리합니다! 스프레드시트를 즐겨찾기 해두면 수업 시간표 등의 정보를 언제나, 간편히 확인할 수 있지요.

 스프레드시트를 활용한
원격 수업 계획 공유

구축하기

클래스팅과 줌

▌클래스팅

온라인 개학 발표 이후 효과적인 원격 수업 방법을 고민했다. 6학년 학생들은 대부분 스마트폰을 소지했으며, 많은 학생이 이미 클래스팅을 사용해본 경험이 있었다. 이에 따라 클래스팅의 과제(러닝) 기능으로 원격 수업 플랫폼을 구축했다.

학생들의 불편함을 최소화하기 위해 전담교사들도 담임교사의 아이디와 비번을 공유했다. 여러 클래스에 가입할 필요 없이 담임교사와 전담교사가 함께 원격 수업을 지도하는 형태로 기본적인 플랫폼을 구축한 것이다. 또한 학부모님도 클래스에 가입시켜 원격 수업 및 학급생활 정보를 공유했다.

출석 확인

클래스팅은 학생들이 학급에 방문하면 자동으로 출석 확인이 가능하

클래스팅에서 결석 처리된 학생의 출결 상태를 변경하는 법

다. 스마트기기로 클래스팅 앱을 실행하면 [소식] 화면이 맨 앞에 노출되는데, 이 화면에도 교사가 올린 원격 수업과 게시글이 보인다. 하지만 [소식]은 [클래스]에 접속한 상태가 아니기 때문에 출석 확인이 되지 않는다. 따라서 학생들에게 꼭 학급의 [클래스]에 접속해 원격 수업에 참여하라고 안내해야 한다. [클래스] 접속에 의한 출석은 당일에만 가능하고 해당일이 지나면 결석 처리된다. [소식]과 [클래스] 모두 클래스팅에 접속하자마자 보이는 하단 메뉴에 있다.

학생들의 학급 클래스 접속은 출석부 메뉴로 확인할 수 있다. 이때 스마트기기보다 컴퓨터의 가독성이 뛰어나다. 간혹 클래스에 접속하지 않아서 결석 처리되는 학생이 있는데 ⊗를 눌러서 출석 인정으로 변경할 수 있다.

콘텐츠 활용 및 과제 수행 중심 수업 만들기

클래스팅의 과제 기능으로 교육부에서 제시한 모든 유형의 원격 수업 콘텐츠를 제작할 수 있다. 실시간 쌍방향 수업을 위한 콘텐츠는 줌 회의실 링크를 첨부해 제작해야 한다. 실시간 쌍방향 수업을 주기적으로 실시한다면 콘텐츠를 매번 새롭게 제작하는 대신 줌의 회의실 링크를 공지하고 정해진 시간에 접속시키는 것이 효과적이다. 따라서 게시글 공지사항으로 줌 회의실 링크를 클래스팅 상단에 고정해놓는 방법을 추천한다.

클래스팅 러닝으로 수업을 만들거나 결과를 관리할 때는 컴퓨터 사용을 추천한다. 만들어진 콘텐츠로 수업할 때는 컴퓨터와 스마트기기 모두 원활한 사용이 가능하지만, 수업 관리 기능은 컴퓨터에 최적화돼 있다 보니 아무래도 스마트기기에서는 불편한 점이 존재했다.

클래스팅의 과제 기능을 사용하려면 클래스팅 러닝이라는 별도 사이트로 이동할 필요가 있다. 웹 주소(https://learning.classting.com)로 이동하거나 클래스팅 학급 클래스의 과제 메뉴에서 [학습 자료실(러닝) 이동] 버튼을 누르면 된다.

클래스팅 러닝에서는 직접 수업을 만들 수 있을 뿐만 아니라 다른 사람들이 먼저 만들어놓은 수업도 사용할 수 있다. 교재 같은 경우에는 출판사에서 직접 제작한, 풀이나 요점 정리 등에 대한 10분 내외의 영상이 많다. 이러한 영상 콘텐츠는 물론 클래스팅 러닝을 사용하는 교사들이 제작해서 공유한 원격 수업 콘텐츠도 많다. 아쉽게도 다른 교사가 만든 콘텐츠를 바로 수정해 학급에 활용하는 것은 불가능하지만. 상세보기로 다른 교사가 만든 콘텐츠의 제작 내역을 확인한 다음 하나씩 복사 및 붙이기 하고 수정해야 해서 불편하다.

수업 콘텐츠를 직접 만든다면 새롭게 자료를 구성할 수도 있고, 기존에 만들어진 문제은행을 이용할 수도 있다. 등교 수업이 정상적으로 진행됐다면 한 차시의 수업을 본시 수업(등교 수업)과 전시 학습 및 정리 학습(원격 수업)의 형태로 나눠 평가 부분에서 문제은행만 사용해도 괜찮았겠지만, 한 차시 전체를 원격 수업으로 진행해야 하는 만큼 새롭게 자료를 구성할 필요가 있었다.

수업 콘텐츠의 자료를 구성할 때는 설명을 위한 본문과 세 가지 유형의 문제로 자료를 구성했다. 객관식 문제와 단답형 문제는 자동 채점이 가능하고, 서술형 문제는 교사가 별도로 채점해야 한다. 페이지별로 이미지나 음성 파일을 첨부할 수 있으며, 다양한 영상 자료도 링크로 제공할 수 있다. 단, 이미지 파일이든 음성 파일이든 영상 자료든 링크는 페이지별로 한 건만 가능하다.

간혹 한 페이지에 수업 전체의 활동을 나타내는 경우가 있는데, 학생들의 집중도와 가독성을 고려해 한 페이지에 너무 많은 활동이나 내용 수록은 지양하자. 한 페이지에 하나의 개념과 활동만 수록해 페이지를 넘기면서 수업하는 콘텐츠 구성을 추천한다.

클래스팅은 상단의 [추천 학습 자료실]로 이동하면 우리 학교 교사들이 만든 자료만 별도로 볼 수 있어서 동학년 단위의 원격 수업 콘텐츠 공유가 편리하다. 우리 학교 교사의 콘텐츠만 보는 기능에 학년 검색 기능을 더하면 동학년 콘텐츠를 쉽게 찾을 수 있다. 눈에 띄는 타이틀 이미지 제작으로 더 쉽게 동학년 콘텐츠를 찾을 수 있도록 했다. 콘텐츠마다 반복 삽입해야 하는 제작 목적과 저작권 관련 문구는 이미지 파일로 만들어 첫 페이지에 노출시켰다.

이미 전국의 많은 교사가 원격 수업 관련 영상 콘텐츠를 유튜브 등에

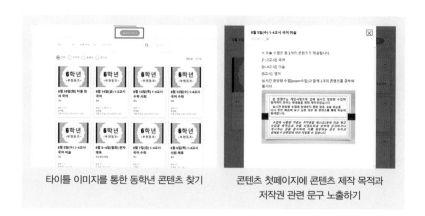

타이틀 이미지를 통한 동학년 콘텐츠 찾기 | 콘텐츠 첫페이지에 콘텐츠 제작 목적과 저작권 관련 문구 노출하기

제작 공유하는 상황이라 수업 구성에 필요한 영상은 쉽게 구할 수 있다. 간혹 필요한 영상이 없을 때는 수업 영상을 촬영해 유튜브에 올린다음 링크해 원격 수업 콘텐츠로 활용했다. 이유는 두 가지였다. 클래스팅 러닝은 영상 파일을 직접 업로드할 수 없기 때문에 어차피 유튜브링크를 활용해야 한다. 더불어 기왕 제작한 영상이니 한 명이라도 더같이 사용하는 것이 활용도가 높다고 생각했다.

수업 피드백

클래스팅 러닝에서는 학생들의 수업 실시 여부를 확인할 수 있다. 수업 콘텐츠에 수업 확인을 위한 평가문항을 탑재했다면, 학생별로 평가문항 풀이 결과도 확인할 수 있다. 학생 평가문항 풀이에 대한 교사의피드백도 가능하다.

과제 수행 중심 수업의 경우 학생들의 과제를 사진으로 찍어 클래스팅에 업로드하는 형식으로 수업 결과를 확인했다. [답글] 기능으로 과제를 업로드하면 학생들이 과제 결과를 공유하거나 상호평가하는 것이 가능하며, 교사 역시 한눈에 과제 제출 여부를 파악할 수 있다.

| 줌

줌은 교사만 회원가입하면 학생들은 따로 가입하지 않고도 화상회의에 참여할 수 있다. 무료회원은 최대 40분까지만 화상회의가 가능하지만 교육청에서 제공하는 업무용 이메일로 회원가입하면 24시간 무제한 화상회의도 할 수 있다. 오전에 학생들의 건강 확인 및 하루 일과 안내 정도로만 쓸 생각이라면 40분으로도 충분하지만 실시간 쌍방향 수업에 주로 활용할 생각이라면 교육청의 업무용 메일 주소로 회원가입하길 권장한다.

줌의 화상회의 시작 방법은 두 가지다. 개인 회의 ID를 사용하는 방법과 새 회의를 열거나 예약하는 방법이다. 원격 수업 초기에는 새 회의 예약 기능을 활용했으나 학생들의 참여 편리성을 고려해 나중에는 교사의 개인 회의 ID로 화상회의를 시작했다. 정해진 개인 회의 ID로 화상회의를 시작하기 때문에 링크 주소가 변동되지 않아 공지사항이나 SNS로 한 번만 알려주면 학생들이 어렵지 않게 수업에 참여한다.

오디오, 비디오 설정

줌에 처음 접속했을 때, 몇몇 학생이 목소리가 들리지 않는다고 호소했다. 그래서 학기 초에는 "선생님 목소리가 들리면 손으로 동그라미 하세요"라고 확인해야 했다. 이렇게 교사의 목소리가 들리는 학생과 그렇지 못한 학생들을 파악한 후 목소리가 들리지 않는 학생들에게는 전화 또는 카카오톡의 단체 전화를 걸었다. 그러다 동학년 선생님들과의

장치 연결 상태	아이콘
비디오와 오디오 장치가 정상적으로 연결된 상태	🎤📹
학생이 오디오 장치를 끈 상태	🎤̸📹
오디오 장치가 연결되지 않은 상태 (학생이 교사의 소리를 들을 수가 없음)	📹̸
학생이 비디오를 끈 상태 (교사가 학생의 얼굴을 볼 수 없음)	🎤̸📹̸

정보 공유 덕에 소리 문제를 해결하는 방법과 학생들의 비디오(영상)와 오디오(음성) 상태를 확인하는 방법을 터득했다.

줌은 컴퓨터로 접속하면 비디오와 오디오가 자동으로 설정된다. 그런데 스마트기기로 처음 접속하면 비디오는 자동으로 설정되지만 오디오는 별도로 설정해야 한다. 이런 이유로 스마트폰을 사용하는 학생들은 교사의 모습을 볼 수 있지만 소리는 들을 수 없는 문제가 발생한 것이다. 줌으로 실시간 쌍방향 수업을 하고자 하는 선생님들은 이 점을 꼭 유의해야 한다!

출석 확인

실시간 쌍방향 수업을 할 때는 줌에서도 출석을 확인해야 한다. 참고로 줌은 참가자 명단 확인 기능을 제공하고, 가나다순으로 정렬도 되지만 실시간으로 정렬이 수정되지는 않기 때문에 별도로 학생들의 출석을 확인해야 한다.

온라인 개학 초기에는 학생들의 이름도 익숙하지 않았을 뿐만 아니라 학생들이 자꾸 들락날락거리는 바람에 상당히 고생스러웠지만, 익숙해지니 나름대로 요령이 생겼다.

첫 번째 요령은 학생들 간 출석 확인을 위한 모둠을 구성하는 것이다. 네다섯 명씩 학생 그룹을 지어주고, 서로 접속 상태를 확인하게 만들자. 고학년의 경우 친밀도가 높은 학생들을 같은 모둠으로 구성하면 접속이 늦는 친구에게 연락하는 효과도 볼 수 있다.

두 번째 요령은 참가자 상단에 노출되는 줌 회의실 참여자 숫자를 활용하는 것이다. 참가자 메뉴를 활성화시킬 경우 상단에 해당 회의실에 참가하는 참가자들의 숫자를 확인할 수 있다. 이 숫자를 이용하면 전체 학생의 출석을 쉽게 파악할 수 있다.

002 　줌의 유료화에 대해

이 책에는 2020년에 줌을 활용한 사례가 담겨 있습니다. 2021년 7월부터 유료화 되는 탓에 이미 줌에 적응한 교사나 학생들은 부담스러운 상황에 맞닥뜨릴 수도 있겠지요. 주요 기능과 장단점이 줌과 확연히 다른 여타의 수업 플랫폼을 찾아 다시 배우고, 적응해야 한다는 점이 안타깝기도 합니다. 안타까움은 여타의 플랫폼이 아직까지 전반적으로 안정적이지 못하다는 점에서 더 커집니다. 하지만 다양한 사람이 여러모로 노력하고 있으니 현재 개발 중인 플랫폼들도 차차 나아지리라 기대합니다. 덧붙여, 플랫폼의 기능보다 더 중요한 것은 그것을 수업에 활용하는 교사의 역량입니다. 줌이 아닌 다른 플랫폼에서도 훨훨 날아다닐 선생님의 수업을 응원합니다.

구글 클래스룸과 구글 미트

▌구글 클래스룸

학급의 클래스룸을 구축하는 방법은 간단하다. 일단 구글 클래스룸에 접속한다. 그다음 우측 상단의 +('수업 만들기' 또는 '참여하기')를 클릭한다. 그럼 '수업 만들기' 창이 뜬다. 이 '수업 만들기' 창에 학급 클래스룸의 이름(제목)을 기록하면 된다.

학급의 클래스룸을 구축했다면 탑재 계획에 따라 수업을 만든다. 클래스룸은 수업 만드는 방법도 그리 어렵지 않다. 학급의 클래스룸을 구축했다면 화상 상단에 [스트림], [수업], [사용자], [성적]이 뜰 것이다. 이 중 [수업]을 클릭한다. 이어서 '만들기'를 클릭하면 다양한 형태의 수업을 탑재할 수 있다. 개별 수업을 하나씩 탑재하는 방법도 있지만, 하나의 주제 안에 수업을 묶어 탑재하는 것도 가능하다. 우리 반 클래스룸은 학습 날짜를 주제로 설정하고, 주제 안에 다른 원격 수업의 내용을 탑재하는 식으로 운영했다.

출석 확인

클래스룸에는 출석 확인용 웹페이지가 따로 없다. 대신 클래스룸이 가지고 있는 다양한 폼으로 출석을 확인할 수 있다. 이를테면 수업 만들기에는 학습자가 단답형 혹은 객관식으로 응답할 수 있는 질문형 폼이 있다.

[질문 만들기]를 클릭한 다음 객관식으로 설정하고, 객관식 문항에 '출석했습니다' 같은 문구를 입력한다. 출석 확인을 비롯한 대부분의 수업 콘텐츠는 미리 제작하는데, 클래스룸은 수업 콘텐츠의 공개 시간을 예약할 수 있다. 예약 시간과 점수, 기한, 수업 주제를 설정하면 출석 확인 콘텐츠가 예약 시간에 업로드된다.

출석 확인 콘텐츠 역시 학생들이 본래 등교를 완료하고 학급별 아침

① 질문 만들기

② 출석 확인을 위한 객관식 문항 만들기

활동을 시작하는 오전 8시 30분에 맞춰 업로드되도록 설정했다. 출석 확인을 제출한 다음에는 댓글로 간단한 인사를 나눌 수도 있다. 마치 교실에서 아침 인사를 나누고 수업을 시작하는 것처럼 말이다.

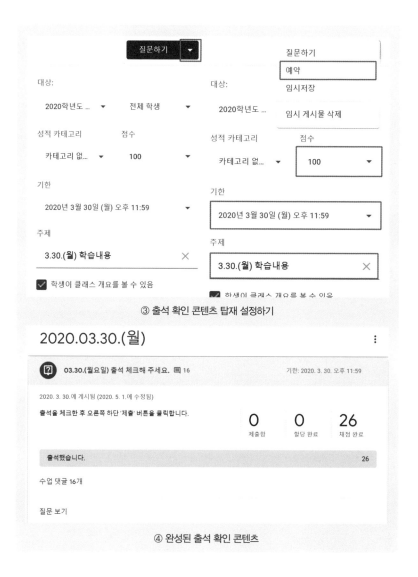

③ 출석 확인 콘텐츠 탑재 설정하기

④ 완성된 출석 확인 콘텐츠

콘텐츠 활용 및 과제 수행 중심 수업 만들기

클래스룸에서 수업을 만들 때는 웹 주소(실시간 쌍방향 수업을 위한 구글 미트 또는 줌 회의실 링크 주소 등)뿐만 아니라 원격 수업에 필요한 파일 또는 활동지 탑재가 가능하다. 특히 과제 수행 중심 수업의 경우 구글의

과제	• 구글 문서나 프레젠테이션 등 다양한 형식의 문서를 제한 없이 첨부하는 것이 가능하며 동영상이나 웹 주소를 링크할 수 있다. • 첨부 문서는 학생들이 확인하고 내용을 작성해 제출하도록 설정 가능하다. • 제출 인원과 내용을 자세히 확인할 수 있다.
퀴즈 과제	• 자동으로 구글 설문지의 형식이 첨부된다. 설문지는 문항마다 단답형, 장문형, 객관식 질문, 체크박스 등 다양한 형태로 설정할 수 있다. • 다양한 형식의 구글 문서나 프레젠테이션 등을 제한 없이 첨부하고 학생들이 확인, 작성해 제출하도록 할 수 있다. • 제출 인원과 내용을 자세히 확인할 수 있다.
질문	• '과제'와 마찬가지로 다양한 형식의 구글 문서나 프레젠테이션 등을 수제한 없이 첨부하는 것이 가능하며 동영상이나 웹 주소를 링크할 수 있다. • 단, 첨부한 구글 문서는 학생들이 편집할 수 없고, 보는 것만 가능하다. • 단답형 혹은 객관식으로 학생이 응답할 수 있다. • 제출 인원과 내용을 자세히 확인할 수 있다.
자료	• '과제'와 마찬가지로 다양한 형식의 활동지를 제한 없이 첨부하는 것이 가능하며 동영상이나 웹 주소를 링크할 수 있다. • 단, 첨부한 구글 문서는 학생들이 편집할 수 없고, 보는 것만 가능하다. • 몇 명이 콘텐츠를 확인했는지 교사가 알 수 없다.
게시물 재사용	• 수업 내용을 동학년이 함께 공유할 때 매우 유용하다. 다른 클래스룸에 탑재된 수업을 가져와 재사용할 수 있으며, 기존 내용을 수정하거나 보완하는 것도 가능하다. • 게시물 재사용을 위해서는 공유하고 싶은 수업의 학급에 '교사 사용자'로 설정돼 있어야 한다. [사용자]-[교사]에서 추가하면 된다.

다양한 폼으로 활동지를 탑재할 수 있다. 학생들이 활동지를 풀면 교사는 피드백하며 학습 이해 정도를 확인한다.

❶ 구글 문서

학생과 교사 모두에게 가장 익숙한 활동지의 형태는 구글 문서를 활용한 것이다. 단, 한글 문서는 구글 문서와 완벽하게 호환되지 않는다.

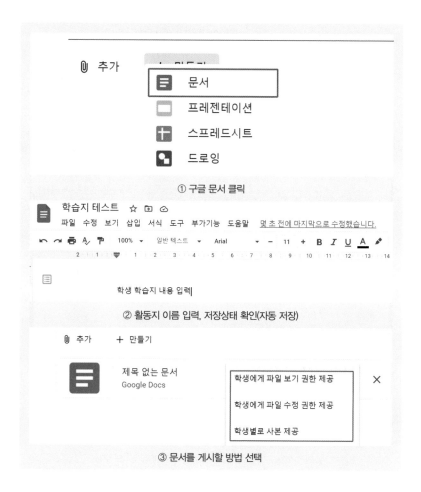

❷ 구글 프레젠테이션

학생들이 좀 더 자유롭게 이미지와 도형을 활용해 학습 결과를 표현
할 수 있다. 특히 학습 결과를 발표할 때 시각적으로 유용하다.

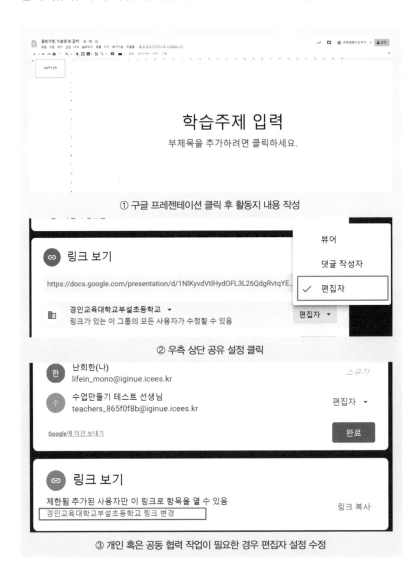

① 구글 프레젠테이션 클릭 후 활동지 내용 작성

② 우측 상단 공유 설정 클릭

③ 개인 혹은 공동 협력 작업이 필요한 경우 편집자 설정 수정

④ 문서 게시 방법 선택

❸ 구글 드로잉

구글 문서와 호환되지 않는 한글 문서 활동지를 써야 할 때도 유용하다. 이미지 파일로 저장한 활동지를 드로잉에 삽입하고, 그 위에 텍스트 박스를 추가하면 학생들이 내용을 작성할 수 있기 때문이다.

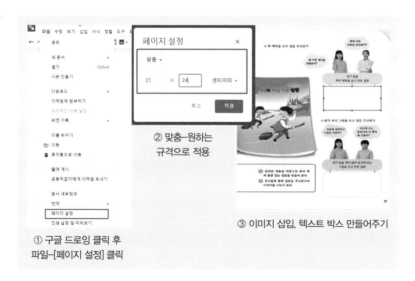

① 구글 드로잉 클릭 후
파일→[페이지 설정] 클릭

② 맞춤-원하는
규격으로 적용

③ 이미지 삽입, 텍스트 박스 만들어주기

보기 권한 제공
학생들이 보는 것만 가능합니다.

수정 권한 제공
공동 협력 작업이 가능합니다. 단, 학급 전체의 공동 협력 작업 과정에서는 다른 친구의 답안을 지우는 등의 실수가 발생할 수 있다는 점을 고려해야 하지요. 전체가 협력 작업을 할 때보다 모둠별로 협력 작업을 할 때 그러한 실수를 줄일 수 있습니다. 프레젠테이션의 경우 모둠별 활동지를 제작하고, 장마다 내용을 작성할 학생을 미리 지정해놓으면 실수가 거의 없지요.

사본 제공
개별 활동지로 배부, 수합됩니다.

구글 클래스룸에서 제작하고 수합된 활동지는 클래스룸뿐만 아니라 구글 드라이브에도 체계적으로 정리, 수합돼 검색으로도 찾을 수 있다. 이처럼 다양한 구글 활동지의 또 다른 장점은 웹 기반이기 때문에 프로그램이 설치되어 있지 않아 학생들이 활동지 확인을 못하는 일이 없다는 것이다. 별도의 설치가 필요한 프로그램들은 뷰어를 설치함으로써 활동지를 확인할 수는 있지만, 내용을 채우기는 어렵다. 하지만 구글 문서 활동지는 그럴 일이 없었다.

수업 피드백

학생이 원격 수업을 제대로 해나가려면 교사의 피드백이 필요하다.

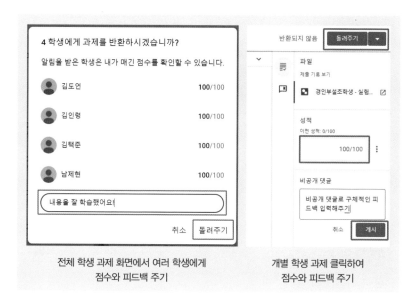

4 학생에게 과제를 반환하시겠습니까?	반환되지 않음 **돌려주기** ▼
알림을 받은 학생은 내가 매긴 점수를 확인할 수 있습니다.	파일
김도언　100/100	제출 기록 보기
김인령　100/100	경인부설초학생 - 실험...
김택준　100/100	성적
남제현　100/100	이전 성적: 0/100
내용을 잘 학습했어요!	100/100
취소　돌려주기	비공개 댓글
	비공개 댓글로 구체적인 피드백 입력해주기
	취소　게시

전체 학생 과제 화면에서 여러 학생에게
점수와 피드백 주기 　　 개별 학생 과제 클릭하여
점수와 피드백 주기

클래스룸의 [돌려주기/반환하기] 기능을 활용해보자. 학생의 과제물에 점수를 부여하면 [돌려주기] 버튼이 활성화된다. 버튼을 눌러 점수를 돌려줄 때는 비공개 댓글을 쓰는 창이 나타나 구체적인 피드백도 가능하다. 전체 학생의 과제가 보이는 화면에서는 여러 학생을 선택해 같은 내용의 점수와 피드백을 한 번에 돌려줄 수 있다. 개별 학생의 과제물을 선택하면 자세히 살펴보면서 비공개 댓글로 오개념이나 부족한 점을 짚어줄 수도 있다.

　스마트폰에도 클래스룸 앱을 다운받고, 알림을 설정하면 비공개 댓글뿐만 아니라 수업 댓글도 실시간으로 확인하기 편리하다. 부지런한 학생들은 교사의 피드백을 받자마자 곧바로 자기 과제에 달린 비공개 댓글을 확인하고, 내용을 보완하기도 한다.

　학급의 학습 상태를 전체적으로 확인하고 싶을 때는 클래스룸 상단

① 클래스룸의 우측 상단 [수업 설정] 클릭

점수 매기기

성적 계산

전체 성적 계산
채점 시스템을 선택하세요. 자세히 알아보기

총점

학생에게 전체 성적 표시

성적 카테고리

성적 카테고리 추가

② [점수 매기기]의 '학생에게 전체 성적을 표시' 클릭

의 [성적]을 눌러 확인한다. 수업 콘텐츠별로 제출 상태나 점수를 확인할 수 있고 학급의 평균 성적도 확인할 수 있다. 학생이 본인의 성적을 확인할 수 있도록 하려면 클래스룸의 [수업 설정]−[점수 매기기]에서 학생에게 전체 성적이 표시되도록 설정한다.

학생은 수업 콘텐츠를 하나씩 클릭해서 점수와 피드백을 확인하거나, 클래스룸의 [수업]−[내 과제 보기]에서 모든 수업 콘텐츠의 점수와 피드백을 확인할 수 있다. 교사가 '학생에게 전체 성적 표시' 설정을 완료하면 학생들은 종합 성적이 새롭게 생긴 걸 확인할 수 있다.

점수는 한 번에 완성되지 않고, 학생의 노력과 성실함에 따라 향상된다. 성실한 학습과정을 격려하기 위해 학생들에게 구글 클래스룸에서 확

2020학년도 5학년 1반(테스트)

스트림   수업   사용자

모든 주제

내 과제 보기   📅 Google Calendar

① 클래스룸 – [수업] – [내과제보기]

경인부설초학생   80%

전체 ▾

◇원격[과학] 4단원(9/11) 📄 1   기한 없음   90/100

◇원격[미술] 심화보충 📄 1   오늘   80/100

◆화상[수요일09:00~] 프로젝트 📄 1   오늘   70/100

② 상단의 종합 성적과 수업별 점수 확인

◇원격[과학] 4단원(9/11) 📄 1   기한 없음   90/100

👤 비공개 댓글 1개

> 난희한 오후 5:04
> 우리집에서 어린이집까지의 거리는 180m이고 이동시간은 2분5초니까 속력은 5.5km/h이다.
> 속력을 m/s 단위의 답으로 구할 때는 m단위 거리 나누기 초(second)단위 시간으로 해야합니다. m 나누기 s라서 m/s라고 답을 쓴다 생각하면 쉬워요.
> 즉 180 나누기 125(2분 5초를 초로 바꾼 것)을 해야하는 것입니다.
> 그럼 답은 얼마일까요?

세부정보 보기

③ 개별 수업 클릭하여 피드백 확인

인할 수 있는 점수는 단순한 성적이 아니라고 이야기했다. 학생들이 열심히 참여하고 노력하는 모습을 점수에 반영할 것이라고 안내한 것이다.

아울러 성실한 학습 과정을 도우려면 점수와 함께 적절한 피드백이 필수다. 피드백을 받은 학생이 다시 학습하고, 틀린 부분을 수정해 다시 제출하는 모습을 보여줄 때는 정말 기특했다. 열심히 고민하며 학습한 과정을 칭찬해주기 위해 댓글로 대화를 주고받기도 했다. 그렇게 대화하다 보면 몸은 멀리 있지만, 마음만은 좀 더 가까워진 듯한 기분도 들었다.

구글 미트

구글에서 화상회의를 만드는 방법은 다양하다. 구글 미트에서 바로 만들 수도 있고, 클래스룸 설정에서도 만들 수 있다. 구글 캘린더에서도 만들 수 있다. 우리 학급에서는 주로 캘린더에서 화상회의를 만들었다. 캘린더에서는 여러 개의 화상회의를 동시에 사용할 수 있어서 모둠 활동이나 짝 활동이 가능했기 때문이다.

처음 시작할 때는 수업 하나에 화상회의를 하나 링크해 활용했다. 학생들이 화상회의에 익숙하지 않았으므로 수업마다 화상회의 링크와 함께 모둠별 활동 안내사항을 따로 탑재한 것이다. 이 방법은 장단점이 아주 분명하다. 장점은 학생들이 이동해야 할 화상회의방을 쉽게 찾을 수 있다는 점이다. 각 모둠의 화상회의방을 클릭하면 필요한 정보와 자료를 쉽게 찾아 활용할 수 있다는 점도 장점이다. 단점은 수업 콘텐츠가 모둠의 수만큼 늘어난다는 것이다. 그래서 학생들이 화상회의의 유의사항을 습득한 다음에는 수업 하나에 여러 개의 화상회의를 링크해 사용하기도 했다.

① 구글 캘린더를 실행합니다.

② 원하는 날짜와 시간대에 화상회의를 만듭니다. 화상회의방은 여러 개 만들 수 있습니다.

③ 화상회의 링크를 복사합니다.

④ 수업을 만들 때 복사한 화상회의 링크를 첨부합니다.

  * 만들어놓은 화상회의 주소는 복사(게시물 재사용)해 다른 수업에서도 활용 가능합니다.

구글 미트 200퍼센트 활용 방법

❶ 화면 분할하기

어떤 플랫폼을 활용하든 실시간 쌍방향 수업에서는 학급 학생이 한눈에 보여야 한다. 그래야 수업 중 소통하면서 학생이 집중하는지, 이해하는지 확인이 가능하기 때문이다. 화면 분할은 원격 수업 시 등교 수업에서처럼 수신호(새로운 의견 발표, 동의, 다른 의견 등)를 활용하고 싶을 때도 꼭 필요한 기능이다.

화면 분할 기능을 사용하는 방법은 총 두 가지이다.

첫째, 크롬(Chrome) 웹 스토어에서 '그리드 뷰(Grid View)로 확장 프로그램을 검색해 추가한다.

둘째, 화상회의 설정에서 레이아웃을 타일 식으로 변경하는 방법이다.

참고로 크롬 웹스토어에는 다양한 확장 프로그램이 있다. 시기마다 업데이트되기도 하고, 더 나은 확장 프로그램이 나오기도 하므로 필요한 기능을 갖춘 확장 프로그램을 잘 선택해서 활용하자.

수업하며 크게 2가지 녹화 방법을 활용했습니다.

첫 번째, 구글 미트 회의 녹화 기능 활용

① 화상회의방의 하단 [옵션더보기]를 클릭하면 [회의녹화시작] 기능이 있습니다.

② 녹화를 시작하고 교사가 먼저 화상회의방에서 나오더라도 학생들이 화상회의를 진행하는 한 계속 녹화되므로, 수업 후 교사가 순시하지 않은 화상회의 내용도 살펴볼 수 있습니다.

③ 녹화된 화상회의 영상은 [구글 드라이브]–[내 드라이브]–[미트 Recording] 폴더에 자동으로 저장됩니다.

④ 화면 설정과 관계없이 말하는 사람만 보이도록 녹화됩니다.

두 번째, 윈도우 10 게임 녹화 기능 활용

① Window + G 를 눌러 게임바를 엽니다. 녹화 버튼을 누르면 모니터 화면 그대로 녹화됩니다.

② 실행된 창의 모습이 녹화되므로 교사가 실시간으로 피드백하지 않는 모둠의 화상회의는 녹화할 수 없습니다.

❷ 수업 녹화하기

원격 수업 화면을 녹화하면 나중에 영상을 보며 부족한 점을 보완할 수 있다. 또한 살펴보지 못한 학생들의 활동 내용을 살펴보고 추가로 피드백 할 수도 있다.

원격 수업 화면을 녹화하는 방법은 다양하다. 구글 미트 자체에서 회의 녹화 기능을 사용할 수도 있고, 구글 미트와 상관없이 별도로 화면 녹화 프로그램을 활용하는 것도 가능하다. 나는 주로 구글 미트의 회의 녹화 기능과 윈도우10의 게임 녹화 기능을 사용했다. 둘 다 화면 녹화에 쓰이지만, 녹화 방식이 조금 다르기 때문에 그때그때 수업 목적에 좀 더 알맞은 것을 선택했다.

안내하기

학부모와 함께

❘ 기본 원칙 안내

학부모에게 제일 먼저 전화로 기본적인 수업 안내를 했다. 이때 가장 중점을 둔 것은 원격 수업 시 학생들에게 곤란한 상황이 발생하면 교사가 문제를 해결하겠다는 기본적인 방향 안내였다.

원격 수업의 여러 문제점 중 가정에서의 학습 보조 부담이 자주 거론된다. 맞벌이 부모의 경우 원격 수업 시 발생한 문제로 인한 자녀의 전화는 매우 부담스러울 수밖에 없다. 직장 특성상 자녀의 전화를 받을 수 없는 상황에만 문제가 되는 것은 아니다. 부모가 자녀의 전화를 받는다고 해도, 문제가 쉽게 해결되지 않아서 생기는 답답함은 원격 수업에 대한 부정적인 인식으로 이어질 가능성이 매우 크다. 따라서 이러한 문제를 최대한 원천 봉쇄하려는 노력이 필요하다.

인프라 조사와 지원

2020년, 코로나19 때문에 갑작스럽게 온라인 개학을 준비하며 학교에서는 급하게 원격 수업 가능 인프라 현황을 조사했다. 쌍방향 소통을 위해 교직원들과 가정의 인프라 현황을 각각 조사해야 했다.

온라인 개학 이전에도 학부모님들에게 개별적으로 연락해 간단한 기초 조사와 학년 초 상담을 진행하기는 했다. 그렇지만 자고 일어나면 갑자기 생기거나 바뀌는 다양한 지침에 더해 변화된 지침에 따른 가정 상황의 수합 및 보고를 매번 전화로 하기란 현실적으로 어려웠다.

이럴 때 많은 교사가 가장 쉽게 사용하는 방법이 학급 단톡방, 문자 안내 및 수합, 클래스팅을 활용한 답글 달기일 것이다. 하지만 짧은 기간에 여러 조사를 진행하면 글이 너무 많아져 조사 내용이 묻혀버리거나 누락되는 곤란한 상황이 발생할 수도 있었다. 이런 곤란함을 방지하기 위해 구글 스프레드시트를 이용했다.

구글 스프레드시트는 만드는 방법도, 공유 설정 뒤 링크를 보내는 법도 간단하다. 정해둔 마감일 이후 확인만 하면 되니 편리하기도 하다. 정보가 변경될 때마다 고치느라 신경 쓸 필요도 없고, 학부모 상담일을 정할 때나 학교 또는 학년에서 무언가 조사할 때 등 어떤 목적으로도 활용할 수 있다.

2020년 온라인 개학 당시에도 구글 스프레드시트에 조사할 내용을 기록하고 설명과 함께 링크를 전달해 주기적으로 실시되는 조사를 손쉽게 해결했다. 처음에는 어려워하던 부모님들도 금세 익숙해졌고, 몇 차례나 반복되는 조사를 손쉽게 진행했다. 이렇게 진행된 조사로 원격 수업이 어려운 가정에는 태블릿, 컴퓨터 등의 스마트기기를 지원했다.

① 크롬으로 구글 계정에 로그인합니다.

② 구글 앱에서 스프레드시트를 클릭합니다.

③ 새 스프레드시트를 시작합니다.

④ 필요한 양식을 작성합니다.

⑤ [공유] 클릭해서 링크 보기 – '변경'을 클릭합니다.

⑥ 수합 혹은 공동 작업에 필요한 공유 설정하기: 링크가 있는 모든 사용자에게 공개합니다.

– '편집자' 선택 : 모든 사용자가 수정할 수 있습니다. 공동 작업이나 내용 수합에 적합합니다.

– '뷰어' 선택: 모든 사용자가 볼 수 있습니다. 정리된 내용을 공지할 경우 적합합니다.

⑦ 링크 복사, 문자와 함께 전송하기: 링크 주소가 길 때는 http://bitly.kr에서 길이를 줄일 수 있습니다.

한난희
구글 스프레드시트의 경우 조사 대상(학부모, 학생 등)들이 다른 사람의 입력 내용을 수정할 수 있기 때문에 입력 시 다른 사람의 데이터를 건드리면 안 된다고 꼭 안내해야 합니다. 또한 답변이 공개되는 점을 감안해 문제의 소지가 있는 조사(개인정보 포함 등)는 진행하지 않는 것이 좋습니다.

| 온라인 학부모 설명회

코로나19 때문에 등교 수업은 몇 차례나 연기됐다. 이 과정에서 등교 수업 시 지켜야 할 학생들의 안전 관리 지침이 여러 번 수정됐으며, 너무 잦은 안내로 학생과 학부모들은 큰 혼란에 빠졌다. 교무실과 각 학급에 날마다 원격 수업 및 등교 수업 문의가 빗발쳤다. 이런 상황 극

복을 위해 맞벌이 가정의 학부모도 퇴근 뒤 식사를 마치고 한숨 돌릴 만한 시간인 오후 8시에 온라인 학부모 설명회를 개최했다. 일주일 전부터 학생들과 학급 SNS로 학부모 설명회를 안내한 덕인지 대부분의 학부모님이 온라인 학부모 설명회에 참여했다. 학생들에게는 줌이나 구글 미트를 처음 접하실 부모님을 위해 온라인 학부모 설명회가 당일 꼭 옆에서 도와드리라고 당부했다.

온라인 학부모 설명회의 목적은 크게 두 가지였다. 첫째, 원격 수업과 등교 수업뿐만 아니라 학사일정 전반에 대한 학부모님들의 궁금증을 해결해주려 했다. 둘째, 실시간 쌍방향 수업을 직접 경험해봄으로써 막연하게만 느껴지는 원격 수업에 대한 신뢰를 높이고자 했다. 확실히 가정에서 원격 수업 플랫폼으로 직접 소통하고, 멀티미디어 콘텐츠로 설명을 들어보자 학부모님들은 자녀의 교육에 대한 걱정을 조금 내려놓고, 약간이나마 믿음을 가지는 듯했다.

학생들에게 옆에서 부모님을 도와드리라고 이유 역시 두 가지였다. 일단 처음 접하는 플랫폼의 사용법을 몰라 학부모님들이 헤맨다면 원격 수업에 대한 신뢰도가 떨어지지 않을까 우려스러웠다. 이때 옆에서 자녀가 익숙하게 플랫폼 진입 방법을 안내한다면 아무도 경험해보지 못한 새로운 방식의 교육에 우리 학생들이 잘 적응하고 있음을 느낄 수 있으리라 생각했다. 만약 학생도 어째야 할지 몰라 우왕좌왕한다면 원격 수업에 대한 신뢰도를 높이기는커녕 반작용이 일어날 위험도 있으니, 온라인 학부모 설명회는 학생들이 플랫폼에 충분히 적응한 뒤에 시도해야 한다.

코로나19 때문에 어쩔 수 없이 시도해본 온라인 학부모 설명회였지

"기왕 하는 일, 최소한 욕은 먹지 말자!"라는 마음으로 온라인 학부모 설명회를 잘 진행하려 노력하면서 아래 사항을 깨달았습니다.

① 원하는 분은 모두 참여할 수 있도록 10일 전부터 안내하고, 2회에 걸쳐 진행하세요.
② 학부모님들이 부담스럽지 않도록 오후 8시에 진행하세요.
③ 비디오를 끄고도 참여할 수 있다고 안내하세요. 예상 외로 설명회가 진행될수록 비디오를 켜는 학부모님이 늘어납니다.
④ 참석이 어렵거나 참여를 원치 않는 학부모님들을 위해 원격 수업 플랫폼에 설명 자료를 공유합시다.
⑤ 실시간 쌍방향 수업에 학생들이 적응된 후 실시합니다. 학생들이 혼란스러워하면 그 모습에 원격 수업 자체의 신뢰도가 떨어질 수 있습니다.
⑥ 질의·응답 시간이 필요합니다.

만, 일단 실시하고 보니 획기적인 방식으로 여겨졌다. 지금 우리 사회에는 맞벌이 부부가 많다. 이 때문에 시간 내기가 어려워 학교 방문을 부담스러워하는 학부모님도 종종 볼 수 있다. 하지만 실시간 쌍방향 수업처럼 온라인 학부모 설명회를 개최하면 일과 시간 내 학교 방문이 어려운 학부모님들도 학교 활동에 참여할 수 있다. 학부모님들의 학교 활동 참여에 새로운 길을 열 수 있는 셈이다. 이에 첫 번째 경험 이후, 2학기 개학을 앞둔 시점에서의 2차 온라인 학부모 설명회, 졸업(종업)을 앞둔 시점에서의 3차 온라인 학부모 설명회를 계획했다.

학생과 함께

▎ 실시간 쌍방향 수업 도구와 만남

2020년 4월 16일, 본격적인 온라인 개학 이전에 원격 수업 맛보기 주간을 운영했다. 기본적인 원격 수업 안내에 앞서 실시간 쌍방향 수업 도구를 안내했다. 실시간 쌍방향 수업을 개설한 후 학생들에게 전화로 접속 방법을 설명하고 상호 의사소통이 가능한 단계까지 실습했다. 원격 수업의 전 과정에서 이 단계가 가장 오래 걸리고 고통스러웠다. 전화만으로 실시간 쌍방향 수업 도구의 사용 방법을 전달하기가 생각보다 어려웠기 때문이다. 사용 방법 영상을 공유해 학생들에게 미리 살펴보게 했지만 생각처럼 원활하게 진행되지는 않았다.

많은 교사가 실시간 쌍방향 수업에 도전할 때 이 단계에서 포기하리라 생각한다. 끝까지 포기하지 말고 '학생들이 모두 원격 수업 플랫폼에 가입하고, 사용법까지 익혔다면 수업 준비의 반은 이미 한 것이나 다름없다'는 점을 되새기자. 고생 끝에 낙이 온다고 사용법만 이해시키면 그 뒤는 일사천리다. 학급의 학생과 학부모님들에게 일일이 전화할 일이 실시간 쌍방향 수업 한 번으로 해결되기도 한다. 가능하다면 등교 시기에 실시간 쌍방향 수업 도구의 사용 방법을 꼭 가르치자. 전화로 백 번 설명하는 것보다 한 번 직접 대면할 때 훨씬 쉽게 배운다. 경험상, 전화로는 학생들이 실시간 쌍방향 수업 도구를 100퍼센트 사용할 수 있기까지 2주 정도 걸렸다.

이어서 줌 회의실 링크와 함께 사용 방법 및 원격 수업에 대해 안내하겠다는 공지를 클래스팅에 업로드했다. 줌으로 하는 안내는 학생들 일정을 고려해 오전, 오후 2회에 걸쳐 진행했으며, 두 번의 모임에 다 참석하지 못한 학생들에게는 개별적으로 연락했다.

이정석

내일 오전 10시부터 원격 수업에 대해 설명합니다.
아래 링크를 클릭하고 줌을 설치해주세요.

Zoom 회의 참가

https://zoom.us/82825?pwd=palrypalrywa

회의 ID: 825 825 82825
비밀번호: 8282

– 위 주소나 아래 네모박스를 클릭하면 줌을 설치하라는 문구가 나옵니다.
→ 설치하세요!
– '허용, 사용' 메시지가 뜨면 '모두 허용, 사용' 선택해주세요
– 화면에 선생님이 보이면 선생님을 손가락으로 눌러봅니다.

그럼 위쪽에 벨 그림이 나타나는데, 벨 그림 앞에 X 표시가 되어 있으면 소리가 안 들리니 벨을 손가락으로 눌러주세요.)) 이런 표시로 바뀌어야 소리가 들립니다!

1) 스마트기기로 참가할 경우 2가지 정도 허용할 것인지 물을 겁니다. 꼭 '모두 허용'을 선택해야 합니다.
2) 컴퓨터로 참가할 경우 스피커가 있어야 합니다. 스피커가 없는 친구는 컴퓨터에 이어폰을 꽂으면 소리를 들을 수 있습니다.

중요한 것은 원격 수업에 참가할 때 무엇을 허용하거나 사용할 거냐고 묻는 질문에 모두 [사용한다], [허용한다]를 선택해야 한다는 점입니다!

* 10시에 줌에 들어오지 못하는 친구들도 너무 걱정하지 마세요. 오후 1시 40분에 추가 설명이 있습니다. 그때도 못 들어온 친구들에게는 선생님이 개별적으로 연락해 원격 수업에 대해 안내할 예정입니다.

| ZOOM | https://zoom.us/82825?pwd=palrypalrywa |

실시간 쌍방향 수업 도구의 사용법을 가르친 후 온라인 개학과 원격 수업에 대해 안내했다. 원격 수업 시 출결 체크 방법과 수업 참여 방법, 과제 수행 등과 함께 코로나19 대응을 위한 학생들 건강을 확인했다.

원격 수업 맛보기 기간에는 겨울방학과 길어진 휴업 기간을 고려해 아침 9시 30분에 실시간 쌍방향 수업으로 출석을 확인하고 맛보기 콘텐츠로만 원격 수업을 했다. 이 기간 발생한 문제들은 학년 협의체에서 함께 머리를 맞대고 해결해나갔다. 2차시 분량의 시범 수업과 원격 수업에 대한 이해, 지켜야 할 예절 등으로 구성된 '슬기로운 원격 수업 생활'이라는 콘텐츠를 제작하여 학생들이 학습하고, 결과를 제출하는 데 문제가 없는지도 확인했다.

온라인 개학 이후 실시간 쌍방향 수업이 원활하게 이루어질 수 있도록 예비 수업도 진행했다. 줌에서 출석 확인하기, 교실 둘러보기를 통한 화면 공유 방법 익히기, 온라인(줌)에서 차례를 지켜 발표하기 등 예비 수업으로 학생들과 함께 본격적인 원격 수업에 대비해 줌에 익숙해지는 시간을 가졌다.

 이정석

** 4월 14일(화) 실시간 수업 안내 **

1) 시간: 2020년 4월 14일 09:30
2) 할일 : 출석 확인과 교실 둘러보기, 학생별 발표 연습

Zoom 회의 참가
https://zoom.us/82825?pwd=palrypalrywa

회의 ID: 825 825 82825
비밀번호: 8282

ZOOM   https://zoom.us/82825?pwd=palrypalrywa

▎ 함께 찾는 원격 수업 플랫폼 활용 방법

학생이 스스로 원격 수업 플랫폼의 사용 방법을 찾아보고 익힐 방법은 없을까? 구글 클래스룸의 경우 사용 방법을 알 수 있도록 다양한 안내 자료를 탑재했지만, 누구든 보라고 강요하면 더 보기 싫은 법이다. 학생들이 스스로 사용 방법을 찾아보도록 클래스룸 전문가 게시판을 운영했다. 학생들이 어려운 점을 서로 질문하고, 해결 방법을 직접 찾아 서로 알려줄 수 있는 목적의 게시판이다. 게시판에서는 많은 학생이 궁금해하지만 매뉴얼에서 찾아보기 어려운 질문을 올리도록 했다.

플랫폼을 운영하다 보면 교사가 잘 모르는 부분도 생기기 마련이다. 이때마다 학생들은 교사가 찾지 못하는 기능, 보지 못하는 부분을 잘 짚어냈다. 학생들의 솔루션이 교사의 설명보다 탁월할 때도 많았다. 꼭 게시판을 운영하지 않더라도 원격 수업 플랫폼을 활용하며 겪는 문제점은 학생과 공유해보자. 문제가 금방 해결될 뿐만 아니라, 플랫폼과도 빨리 친해진다.

함께 만드는 5-1 클래스룸	⋮
⑦ 영어 디지털 교과서 사용방법	2020. 5. 6.에 수정됨
📖 전자도서관 이용안내	2020. 5. 1.에 게시됨
📖 온라인 수업 관련 중요 안내입니다.	2020. 3. 28.에 수정됨
📖 **5-1 클래스룸 전문가 공모전(필독)**	2020. 3. 28.에 수정됨
📖 등교수업 준비를 위한 학부모 설명회 내용	2020. 6. 11.에 수정됨

클래스룸 외 원격 수업에 필요한 안내

▌ 랜선 교실 나들이

실시간 쌍방향 수업을 처음 접하는 교실이라면 곧바로 교과 진도를 나가는 대신 다양한 창의적 체험 활동부터 하는 것을 추천한다. 서로 수업 도구 활용에 익숙지 않은 상태에서 교과 진도를 나가면 수업 결손 발생 우려가 높기 때문이다.

2020년 1학기, 코로나19로 등교하지 못하는 학생들을 위해 온라인 교실 나들이와 3월의 우리 학교 탐방하기를 실시했다. 새 학기를 맞이해 달라진 학교와 교실의 모습을 소개하는 시간이었다. 이 과정에서 학생들과 얼굴을 마주 보고 소소한 일상 이야기를 나누며 처음 만나는 어색함을 달랬다. 또한 코로나19 예방을 위해 지켜야 할 안전수칙을 알아보고, 변화된 학교생활을 미리 살펴봤다. 이때 학생들이 등교하던 작년 교실을 탐방해보는 것도 좋다. 학년 초, 처음 만나는 교사와 학생 사이에 래포를 형성하고 교우관계를 파악하는 데 아주 좋은 활동이다.

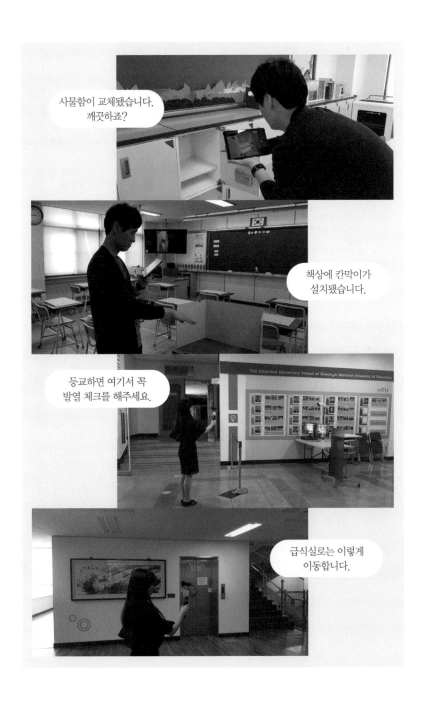

실시간 쌍방향 수업 중 대화

선생님

선생님은 지금 우리 학교 5층에 나와 있습니다!
여기는 어디일까요? 운동장이 정말 잘 보이는
교실이군요.

김윤슬

5학년 2반이요!

임원택

어? 작년 우리 반이다!

선생님

정답! 여기는 작년 5학년 2반 교실입니다.
올해는 5학년 4반 교실로 바뀌었어요.

임원택

왜요?

김윤슬

우리 교실 없어졌어요?

선생님

아니에요! 우리 교실은 이제 6학년 6반 교실이랍니다.
작년에 5학년 2반이었던 사람?

김윤슬

저요.

임원택

한주연도 작년에 5학년 2반이었어요.

선생님

어? 그럼 원택이랑 주연이는 서로 잘 알겠군요?

▎깜짝 임무 수행하기

본격적인 온라인 개학에 앞서 아침에 일찍 일어날 수 있도록 학급 SNS에 과제를 제시하면 학생들이 수행하는 방식으로 오전 깜짝 임무를 부여해보자. 선착순으로 5등까지는 아이스크림, 한 시간 동안 열다섯 명이 과제를 해결할 경우 학급 단체 보상, 과제를 수행한 순서대로 번호를 부여하고 세 명의 친구를 추첨해 필기구 세트 증정하기 등 다양한 형태의 보상을 약속하면 학생들의 참여와 흥미를 높일 수 있다.

 이정석

6-6 기상미션
우리 반 친구들에게 소개시켜주고 싶은 책을 클래스팅에 올려주세요!
본 미션은 4월 16일 온라인 개학 후 국어 수업과 연계하여 꼭 필요한 미션입니다.

선생님 추천 도서
〈먼 나라 이웃 나라〉 세트

우리 친구들은 6학년 사회 시간에 세계 여러 나라에 대해 공부하게 됩니다.
사회 공부 전 만화로 쉽게 세계 여러 나라에 대해 알아볼 수 있는 책입니다!
이 책들은 우리 반 교실에 학급문고로 선생님이 준비해두었습니다. 등교 개학하면 모두 읽어보세요!

 황도현
제가 추천하고 싶은 책은 〈Why? 브라질과 인도〉입니다. 여러 나라를 배운다니까 추천하고 싶습니다.

 임원택
올해 목표는 저 책들을 절반 이상 읽는 것입니다.

이효민

저는 유태인 소년과 독일 소년의 슬프고 아름다운 우정 이야기가 담긴 〈줄무늬 파자마를 입은 소년〉을 추천합니다.

김윤슬
헐, 나 이거 영화로 봤는데 겁나 슬퍼ㅠㅠㅠ

이효민
헐! 나도 봐야겠다ㅠ

한주연

저는 〈내 이름은 독도〉를 추천합니다. 이 책을 읽고 우리나라 땅인 독도에 대해 더 많이 알게 됐습니다.

김윤슬

저는 〈나의 라임 오렌지나무〉라는 책을 추천합니다.

오진서
그러쿤욤 재밌겠네여 ㅋㅋ

김윤슬
ㅋㅋㅋㅋ

2020년 1학기, 우리 반에서는 친구들에게 소개하고 싶은 책을 클래스팅에 올리는 이벤트를 했다. 선착순으로 미션 성공 5등까지는 등교 수업일에 아이스크림을 사주기로 했는데 첫 임무에 많은 친구가 적극적으로 참여했기 때문에 전체 보상으로 변경했다.

전체 보상은 과자 파티! 원래는 학생들이 등교한 뒤에 함께할 생각이었지만 코로나19 상황이 쉽게 좋아지지 않아 부득이하게 랜선으로 과자 파티를 진행했다. 학생들이 등교한 날에 개인 간식을 나눠주고, 이렇게 받은 과자와 음료수는 각자 가정에서 먹으라고 한 뒤 줌에서 과자 파티를 진행한 것이다. 보다 즐거운 추억을 만들어주기 위해 모든 학생에게 동일한 다섯 가지 종류의 과자를 나눠주고, 이를 이용하여 ASMR 과자 맞추기, 넌센스 퀴즈 맞추기 등 게임 활동도 했다.

마음만은 함께

맛보기 주간 이후 본격적으로 새 학기가 시작됐다. 여기서 또 다시 문제가 발생했다. 새 학년이 시작되고 시간이 흐른 후 원격 수업으로 전환됐다면 교사와 학생 사이에 어느 정도 래포가 형성됐을 테고, 문제가 발생하면 학생들이 교사에게 편하게 도움을 요청할 것이다. 하지만 2020년처럼 새 학년을 시작하기도 전에 원격 수업 체제로 돌입했다면 학생들은 교사에 도움 요청하기를 꺼려할 수 있다. 따라서 학생들이 편안하게 도움을 청할 수 있도록 래포를 형성하는 것이 중요했다. 여기서 실시간 쌍방향 수업이 매우 중요한 역할을 했다.

누구라도 한 번도 만나보지 못한 사람을 편하게 생각할 수는 없다. 하지만 실시간 쌍방향 수업에서 교사와 학생이 서로 얼굴을 보고 대화를 나누다보면 자연스럽게 래포가 형성된다. 처음 만나는 학생들과의 대화가 어색하다면 일상적인 대화로 말문을 열어보자. '오랜만에 일찍 일어나서 힘들지?', '평소에 몇 시에 잠자리에 들고 몇 시에 일어나니?',

'요즘 좋아하는 연예인은 누구니?' 같은 재미있고, 이야기하기 쉬운 주제에 대해 이야기 나누면서 서로 알아가는 시간을 갖자. 이 과정에서 실시간 쌍방향 수업에 대한 적응은 덤으로 따라올 것이다. 혹시 학생들이 저학년이라 실시간 쌍방향 수업이 어렵다면 영상 통화라도 추천한다.

　　서로 만나지 못하는 상황이었지만 교사와 학생, 학생과 학생 사이에 우리 반이라는 소속감을 길러주고 싶었다. 이를 통해 래포 형성도 가능할 듯했다. 이에 학생들과 함께 학급 로고를 선정하고 학급 티셔츠를 제작했다. 학급 티셔츠 제작으로 졸업앨범 촬영에 대한 고민도 덜 수 있었다. 졸업 앨범은 6학년 학교생활을 주기적으로 촬영하면서 제작해야 하는데 코로나19 상황이 지속되면서 단체 사진은 촬영이 거의 불가능한 상황이었다. 방역 수칙을 준수한 거리두기로 개인 사진 촬영은 진행할 수 있었지만, 학생들에게 같은 학급에서 함께했다는 기억을 남겨줄 수 있는 단체 사진 촬영이 어렵다는 것이 매우 큰 아쉬움이었다. 이 아쉬움을 우리 반 아이들의 개인 프로필 사진 촬영 시 한 종류의 프로

009 │ 학급 로고 만들기

코로나19 상황으로 지금까지와는 다른 학교생활을 하는 학생들에게 우리 반은 하나라는 것을 알려주고 싶어서 학급 로고를 만들었습니다. 로고 디자인은 예능 프로그램의 로고를 참고했습니다.

줌에서 찍은 단체 사진

필 사진을 정해서 모두 학급 티셔츠를 입고 사진을 촬영하는 것으로 달랜 것이다. 우리 반 아이들이 다 같이 모여서 단체 사진을 촬영할 수는 없지만, 같은 학급 티셔츠를 입고 찍은 프로필 사진을 앨범에 모아 같은 반에서 추억을 쌓았다는 사실을 느끼게끔 한 셈이다.

이어서 학급 티셔츠를 입고 줌에 접속해 같은 동작을 취하면서 단체 사진을 촬영했다. 단체 사진 촬영 전에는 함께 취할 포즈를 정하고, 시범도 보였다. 재치 있는 아이디어가 나올 때는 다 함께 웃으며 학생들의 거리가 가까워지는 것을 느꼈다. 쑥스럽고 어색한 모습은 점점 편안하고 밝은 모습으로 변해갔다. 비록 한 장소에 모여 단체 사진을 촬영할 수 없었지만, 공간을 초월해 줌에서 단체 사진을 촬영한 경험은 미래 사회를 살아갈 우리 학생들에게 지금까지와는 전혀 다른 새로운 경험이 됐으리라 믿는다.

| 2부 |

블렌디드
적응하기

우리 반 맞춤형 수업 탐색

시동 걸기

처음부터 실시간 쌍방향 기반 모델로 교실 수업과 원격 수업을 병행한 것은 아니다. 6월 초 등교 수업이 실시되면서 둘을 병행하기까지 여러 차례 시행착오를 거쳤다. 그러면서 원격 수업의 방법을 변형시키고 발전시켜나갔다. 원격 수업 방향과 방법이 전국의 모든 학급에 100퍼센트 최적화될 수 없으므로 학교 및 학년, 학급 학생들의 특성에 맞춰 여러 형태로 변형 적용하는 것이 가장 바람직하다고 생각한다. 상황에 따라서는 이 책에 드러나는 과도기의 형태가 다른 학급에서는 최적화된 원격 수업일 수도 있다고 생각한다.

우리 학급 또는 학교에 어울리는 교실 수업과 원격 수업 전략을 찾기 위해 고민하는 모든 사람에게 조금이나마 도움이 되도록 시행착오를 겪으며 실시간 중심의 블렌디드 러닝 전략을 고안하고 실천하기까지의 과정을 이야기하고자 한다. 나는 줌으로 진행했지만, 다른 실시간 쌍방향 도구로도 적합한 기능을 찾아 활용할 수 있다.

| 줌으로 여는 아침 조회

처음에는 플랫폼에 수업 콘텐츠를 제공했다. 그런데 아무래도 이것만으로는 학생들이 학습 목표에 도달하기 어려울 듯했다. 학생들의 학습 목표 도달률을 높일 방안을 고민하다 단순히 수업 콘텐츠만 제공할 것이 아니라 학습할 범위와 내용에 대한 설명, 잘못 이해한 부분을 바로잡아주는 과정이 반드시 필요하다는 결론을 내렸다. 해답으로 학생들의 출석 및 건강 상태를 확인한 다음 당일 학습할 내용과 수행 과제를 설명하고, 콘텐츠 활용 및 과제 수행 중심 수업에 참여하도록 하는 형태의 실시간 쌍방향 수업을 기획했다.

사실 이 단계에서 '과연 모든 학생이 실시간 쌍방향 수업에 참여할 수 있을까?', '화상회의로 수업이 가능할까?' 하는 고민이 있었다. 동학년 협의 끝에 '첫째, 모든 학생이 참여하기 어려운 상황이라고 시도조차 하지 않는 것보다 가능한 학생들을 위해 실시간 쌍방향 수업에 도전하는 게 좋겠다. 둘째, 안 되는 학생들을 위한 대책을 마련하자. 셋째, '줌에 익숙해지면 실제 수업에 도전해보자'라는 합의점을 바탕으로 다음 단계에 따라 원격 수업 전 활동을 우선 실시했다.

① 실시간 쌍방향 수업에 참여 가능한 학생들 먼저 출석 및 건강 상태 확인, 당일 수업할 내용 및 과제를 안내하자.
② 실시간 쌍방향 수업에 참여하지 못한 학생들에게는 개별적으로 전화 연락을 하자.

동학년 협의를 통해 일단 줌으로 아침 조회 시간부터 가진 셈이다.

당연한 일이지만 줌 조회가 처음부터 원활하지는 않았다. 가장 큰 문제는 약속된 시간에 아이들이 접속하지 않는다는 점이었다. 이에 조회 초반에는 늦게 접속하는 친구들에게 전화하면서 시간을 많이 보냈다.

돌이켜 생각해보면 늦게 접속하는 친구들을 기다리면서 먼저 도착한 친구들과 이런저런 이야기를 나눈 시간이 오히려 좋았던 것 같기도 하다. 학기 초, 서로 얼굴도 못 본 교사와 학생 사이에 이런저런 일상 대화를 나누며 얼굴과 이름 같은 기본 정보를 파악하는 시간이었으니 말이다.

어쨌든 줌 조회 시간이 매일 운영되자 학급 운영에 많은 변화가 일어났다.

첫째, 등교하던 때와 마찬가지로 학생들은 정해진 시간에 줌에 접속해 조회 시간을 함께 보냈다. 초기에는 20, 30분씩 지각하던 학생들도 어느덧 5분 내외로 늦었으며, 대부분 정해진 시간에 출석했다.

둘째, 하루에도 몇 번씩 바뀌는 코로나19 관련 교육부 지침들과 이에 따른 학사 운영을 매우 효율적으로 안내할 수 있었다. 줌 조회 시간에 학사 운영이 어떻게 변화했는지 학생들에게 안내하고, 그에 대한 학생들의 궁금증에 답했다. 이 과정에서 변화하는 교육 상황을 학생 및 학부모님에게 자세히 이해시킬 수 있었다. 학급 학생 또는 학부모님들에게 개별적으로 스무 번이 넘도록 전화 설명할 필요 없이 줌 조회 한 번으로 안내가 가능해진 것이다.

셋째, 학습 콘텐츠와 과제를 정확하게 이해하지 못하거나 학습 내용을 빠뜨리는 학생이 현저히 줄어들었다. 줌으로 아침 조회를 하지 않는 학년 또는 다른 지인 선생님들의 경우 지속적으로 학습 문의가 들어온다고 했는데, 이러한 문의가 매우 적어졌다.

| 줌에서 하는 아침 활동

교사뿐만 아니라 학생들 역시 줌이라는 앱을 처음 접했기 때문에 많은 시행착오를 거쳐야 했다. 줌을 통한 최초의 실시간 쌍방향 수업에는 학생이 모두 접속하는 데만 30분 넘게 시간이 소요됐다. 실시간 쌍방향 수업을 위해 노력하던 초기는 정말 기다림의 연속인, 인내와 고통의 시간이었다. 몇몇 학생이 약속된 시간에 접속하지 않아 부지런한 학생이 일찍 접속해 기다리는 일이 반복됐다. 이에 실시간 쌍방향 수업을 할 때는 지각하는 친구들을 기다리며 부지런한 친구들과 함께할 간단한 활동을 준비하는 것이 좋다.

나의 기분 표현하기

학기 초 가벼운 주제의 대화는 교사와 학생, 학생과 학생 사이의 래포 형성에 도움이 된다. 하지만 서로 잘 모르는 상태에서 대화 주제를 이끌어내기란 쉬운 일이 아니다. 이때 가장 접근하기 쉬운 대화 주제는 '오늘 나의 기분과 그 이유'에 대한 대화일 것이다. 오늘 나의 기분과 내가 그런 기분을 느끼는 이유에 대해 이야기하며 서로 공감하고 이해할 수 있기 때문이다. 활동 방법은 다음과 같다.

① 오늘 나의 기분을 나타낼 수 있는 단어 또는 문장으로 대화명을 변경하라고 학생들에게 알린다.
② 교사는 대화명으로 학생들의 상태를 파악하고 이로 대화를 이끌어나가며 래포를 형성한다.
③ 학생들이 줌에 어느 정도 익숙해졌다면 소회의실 기능을 활용한다. 학

생들이 대화명으로 나타낸 자신의 기분과 그런 기분을 느끼는 이유에 대해 보다 편안하게 이야기할 수 있다.

글똥 누기

학생들에게 독서 교육은 매우 중요하다. 독후 활동 중 한 줄 서평 쓰기와 책 추천하기를 융합해 글똥 누기 활동을 할 수 있다. 1년 동안 진행한 글똥 누기 활동 결과를 수집하면 나중에 학급문집 제작 프로젝트 활동과 연계할 수도 있다.

① 모든 학생이 접속하기를 기다리며 읽고 싶은 책을 읽으라고 이야기한다.
② 책 내용 중 가장 마음에 드는 구절로 대화명을 변경하게끔 한다.
③ 제목과 가장 마음에 드는 구절로 책을 소개한다.

아래는 아이들이 작성한 글똥 누기 활동 예시다.

방법1: 같은 책을 읽고 마음에 드는 구절 선택하기
• 스스로의 가치는 스스로가 매기는 거야 – 오수아, 배건우, 김광훈

방법2: 각자 원하는 책을 읽고 마음에 드는 구절 소개하기
• 임원택–톰 아저씨의 오두막 / 만약 내가 어른이었다면 그러지 않았을 거야.
• 강지선 악플 전쟁/할 말 있으면 숨어서 악플 달지 말고 당당하게 말해!

수업 준비

당일 학습할 내용을 화이트보드에 기록하고 화면을 공유함으로써, 미리 줌에 접속한 학생들이 다른 학생들을 기다리면서 그날 배울 내용을 미리 준비하도록 한다. 지문이 긴 국어 수업, 간단한 조사가 필요한 사회 수업을 하는 날에 특히 유용하다.

┃ 줌 보충 수업

줌 아침 조회로 학습할 내용과 과제를 안내한다고 모든 학생이 열심히 학습에 참여하는 것은 아니다. 조회가 끝난 후 바로 원격 수업을 하지 않고 다시 잠자리에 들거나 다른 활동 때문에 계속 원격 수업을 밀리는 학생들이 여전히 존재했다. 이에 종일 원격 수업을 듣지 않는 학생들에게 개별적으로 연락해 수업을 독려하는 일상이 반복됐다. 문제는 전화와 문자, SNS 등으로 아무리 독려해도 원격 수업을 밀리는 학생들이 줄어들지 않는다는 점이었다.

이해가 전혀 가지 않는 것은 아니다. 나도 어린 시절 부모님이 학습지를 시킨 적이 있다. 일주일에 한 번씩 학습지 선생님이 와서 문제풀이를 점검하고, 다음 학습지를 주고 돌아가는 형태의 학습지였다. 학습지가 너무 하기 싫어 책상 서랍 속에 숨겨두고, 학교에 두고 왔다고 거짓말해본 것이 나 혼자만의 경험은 아닐 것이다. 이 기억 속의 주간 학습지가 오늘날 원격 수업과 매우 비슷하다.

교육부의 출석 인정 방법에서도 제시했듯이, 원격 수업은 꼭 정해진 시간에 수행할 필요가 없다. 정해진 시간이 아니라 언제 어디에서든 수업에 참여하게끔 하는 것이 원격 수업의 취지와 장점을 살리는 방법일 것이다. 문제는 취지를 살리기에는 원격 수업을 밀리는 학생이 많아도 너무 많다는 것이었다. 결국 특단의 결심을 했다. 매일 3회(오후 1시, 오후 8시, 오전 12시) 학생들의 원격 수업 결과를 점검하고 피드백 하며, 특별한 이유 없이 오전 12시까지 원격 수업을 듣지 않은 학생들은 별도로 명단을 관리해 일주일에 2, 3회 정도 줌 조회가 끝난 후 보충 수업을 한 것이다.

학생들의 자기 주도 학습 능력이 뛰어나고, 특별한 사유가 없는 한 평일에 실시하지 못한 원격 수업을 주말에 완료한다면 원격 수업의 장점과 취지를 살리는 것이 바람직할 것이다. 하지만 원격 수업을 성실히 수행하지 않고, 이것이 습관화될 우려가 있다면 줌으로라도 보충 수업을 하는 것이 바람직하다고 생각했다.

줌으로 하는 보충 수업에서 가장 중요한 것은 방향 설정이라고 생각했다. 일단 학생별로 실시하지 않은 원격 수업 콘텐츠 목록과 수행해야할 과제를 안내했다. 학생들의 질문에 피드백 해주고, 밀린 과제를 모두 마무리하는 학생 순으로 회의실에서 퇴장하게끔 했다. 이 보충 수업은 가급적 원격 수업의 학습량이 적은 날 했다. 줌을 이용한 실시간 쌍방향 수업의 경우, 작은 화면 때문에 교실 수업보다 피로도가 높고 오랜 시간 집중하기 어렵기 때문이다. 주간 시간표를 작성할 때도 수요일과 금요일에는 학습량이 많지 않은 교과들을 고정시키고, 실시간 쌍방향 수업 이후의 줌 보충 수업을 늦어도 오후 12시에는 마무리했다.

수업에 소통 더하기

솔직히 원격 수업은 그 자체로도 큰 모험이었다. 학생은 물론 교사들도 처음 시도해보는 데다, 학생들뿐만 아니라 교사들에게도 물리적 인프라가 갖추어져 있지 않았기 때문이다. 이 밖에도 거론된 문제점이 한두 가지가 아니었다. 그럼에도 학년 협의체에서는 실시간 쌍방향 수업에 대한 논의가 계속됐다. 다들 등교하지 못하는 학생들에게 무엇이라도 하나 더 해주고 싶다는 마음이었을 것이다. 기나긴 논의 끝에 결국 본격적인 실시간 쌍방향 수업을 시도하게 되었다.

▌언제 시작하는 것이 좋을까?

학생들뿐만 아니라 교사 역시 줌(또는 구글 미트)의 다양한 기능에 익숙해진 시점에 도전하는 것이 바람직하다. 자칫 하면 학생들이 아예 수업에 참여하지 못할 수도 있기 때문이다. 콘텐츠 활용 수업이나 과제 수행 수업이라면 스마트기기 조작 미숙으로 학생들이 정해진 시간에 참여하지 못하더라도 문제를 해결한 다음 다시 접속해 수업을 들으면 된다. 하지만 실시간 쌍방향 수업에서는 그럴 수 없다. 따라서 수업에 완벽하게 참여할 수 있도록 학생들이 화상회의 프로그램(앱)에 익숙해지는 것이 무엇보다 중요하다. 그러려면 익숙해질 시간이 필요하다. 우리 반도 학생들이 줌 아침 조회에 적응해나가는 모습을 보면서 학습 활동 안내에서 한 걸음 더 나아가 실시간 쌍방향 수업에 도전해보기로 했다.

┃ 처음 수업할 교과를 선택하자

초등 담임교사

간단한 활동 안내와 학생들의 과제 수행으로는 목표한 성취기준에 도달하기 어렵다고 판단되는 교과들 먼저 실시간 쌍방향 수업을 하기로 했다. 원격 수업으로 인해 학력 저하가 우려되고, 초등학교 시절의 선수 학습이 중학교 학습에 큰 영향을 끼칠 수 있는 국어, 수학, 사회 같은 교과 먼저 실시간 쌍방향 수업을 하고 나머지 교과는 콘텐츠 활용 수

	1교시	2교시	3교시	4교시	5교시	6교시
5/18(월)	수학	수학	국어	국어	실과	실과
5/19(화)	영어	영어	체육	체육	미술	미술
5/20(수)	국어	국어	사회	사회	도덕	
5/21(목)	수학	수학	음악	음악	과학	과학
5/22(금)	국어	국어	영어	영어	체육	체육

※ □ 는 실시간 쌍방향 수업 시간입니다.

주간 시간표 예시

업과 과제 수행 수업으로 나눠 진행하기로 했다. 솔직히 과학과 영어도 고민스럽기는 했지만 두 교과를 수업하는 것은 담임교사가 아니라 전담교사들이다. 전담교사들의 수업 방식을 존중하는 차원에서 담임교사의 수업교과 중에서만 실시간 쌍방향 수업 교과를 선택하기로 했다.

초등 전담교사(중·고등학교 교사)

초등학교는 전담교과에서, 중·고등학교는 과목이 달라질 때마다 수업하는 교사가 바뀐다. 이때 이동하는 것은 주로 교사다. 학생들은 자기 반 교실에 머물러 있고, 교사가 수업을 하러 교실로 찾아온다. 그런데 원격 수업 시 일부 중·고등학교에서는 학생들이 해당 교사의 줌 또는 구글 미트에 접속함으로써 실시간 쌍방향 수업을 한다고 들었다. 이런 방법은 학생들이 너무 여러 번 이동해야 하며, 그때마다 학생들의 출석 확인으로 시간을 낭비할 우려가 있다. 따라서 등교 수업에서 그러하듯이 학생들은 화상회의(등교 시 교실과 같은 개념)에 접속한 채 그대로 있고, 교사들이 번갈아가면서 접속하는 편이 전담교과 또는 중·고등학교 수업에서도 효과적일 것이다. 참고로, 만약 수업에 사용하는 화상회의 프로그램이 줌이라면 호스트 이양 기능으로 회의실 주인을 바꿀 수 있다. 아래는 줌에서 호스트를 이양하는 방법이다.

① 동학년 교사끼리 학급별 줌 회의실 주소를 공유한다.
② 담임교사는 조회 시간을 이용해 학급별 줌 회의실에 접속한 학생들의 출석을 확인한다.
③ 전담교사 또는 교과담당교사는 수업 시간에 맞춰 학급별 줌 회의실로

접속한다.

④ 담임교사는 전담교사 또는 교과담당교사에게 호스트를 넘겨준다.

⑤ 전담교사 또는 교과별 교사는 수업하고 다음 시간에 맞춰 접속하는 교사에게 호스트를 넘겨주고 다음 수업 학급의 줌 회의실로 이동한다. (교사 간 호스트 이양이 곤란할 경우 학급회장 학생에게 호스트를 넘겨주고 추후 접속하는 교사가 호스트를 넘겨받으면 된다.)

※ 참가자 클릭으로 우측 상단의 숨긴 메뉴 활성화 버튼을 클릭한다. 활성화된 숨긴 메뉴 중 호스트 만들기로 해당 참가자를 호스트로 지정할 수 있다.

▌실시간 쌍방향 수업 시 교과의 콘텐츠는?

원격 수업은 교실 수업과 출석 개념이 전혀 다르다. 원격 수업은 시간과 장소에 구애받지 않고 정해진 기간에만 수업에 참여하면 출석이 인정되지만, 실시간 쌍방향 수업은 그 순간에 참여하지 못하면 출석을 인정해주기가 어렵다.

문제는 실시간 쌍방향 수업은 교실 수업과 달리 돌발 상황의 발생 확률이 매우 높다는 점이다. 줌이나 구글 미트 자체적으로 렉이 매우 심해지는 날이 있는가 하면, 가정 통신망의 문제로 어떤 학생이 실시간 쌍방향 수업에 도저히 참여할 수 없을 정도로 렉이 걸리기도 한다. 따라서 이런 돌발 상황에 수업에 참여하지 못하는 학생들을 위한 대책을 마련할 필요가 있었다.

이런 문제 상황에 대한 대책으로, 실시간 쌍방향 수업을 진행했더라도 해당 차시의 수업 콘텐츠를 별도로 제작했다. 실시간 쌍방향 수업과 수업 콘텐츠 준비를 병행하는 것이 부담스럽긴 했지만 100퍼센트 정착되지 않은 원격 수업 상황을 고려하면 훌륭한 대비책이었다고 생각한다. 제공된 수업 콘텐츠는 개인사정으로 실시간 쌍방향 수업에 참여하지 못한 학생들에게 활용됐다. 참여한 학생들도 복습 및 보충 자료로 활용했다.

| 실시간 쌍방향 수업 시 확인사항

학생의 모습을 볼 수 있어야 한다

학생들의 반응을 살피면서 수업할 수 있다는 점이 실시간 쌍방향 수업의 가장 큰 장점이다. 학생들을 관찰할 수 없다면 굳이 실시간 쌍방향 수업을 할 필요가 없다. 그보다 수업 설명 장면을 촬영해 영상 콘텐츠로 제공하는 편이 효과적일 것이다. 그럼에도 비디오(자신의 모습)를 꺼두려 하는 학생들이 있다. 자리를 비우거나 딴짓하려는 목적일 수도 있으니 비디오는 꼭 켜두게끔 하자.

음소거 기능에 대해서 고민해보자

유튜브 등에 공개된 줌을 활용한 실시간 쌍방향 수업 영상들을 보면 학생들은 음소거 상태로 있다가 발언할 때만 잠깐씩 설정을 바꾸면서 수업에 참여한다. 학생들이 음소거를 하는 가장 큰 이유는 주변 또는 학생이 발생시키는 소음이 수업에 큰 방해가 되기 때문이다. 그런데 음소거를 하면 또 다른 문제가 생길 수도 있다.

스마트기기로 발표 시, 줌 같은 경우 화면 이동 후 말하기 탭을 터치해서 음소거를 풀어야 한다. 이 과정에서 학생들이 휴대폰을 계속 건드릴 수도 있는데, 이런 행동이 수업에 방해가 된다. 또한 음소거한 상태로 몰래 유튜브 등 다른 동영상을 시청하는 학생도 볼 수 있다. 이 때문에 음소거 기능 사용에 대해서는 고민이 필요하다. 우리 반에서는 딴짓도 막고 교실 수업에서처럼 자유롭게 답변도 할 수 있도록 음소거를 하지 않도록 했다.

갑작스러운 화면 정지를 경계하자

학생에게 갑작스러운 화면 정지가 발생했다면 다른 앱 때문일 수도 있다. 대부분의 학생이 열심히 실시간 쌍방향 수업에 참여하지만, 간혹 딴짓하는 학생들도 있다. 물론 가정에서 사용하는 인터넷망 자체가 불안정해서 렉 등이 발생하기도 하지만 통신 상태가 양호하던 학생의 화면이 갑자기 정지됐다면 다른 앱(특히 카카오톡 등 SNS 앱)을 사용 중일 확률이 아주 높다. 이런 지점을 교사가 미리 파악하는 것이 아주 중요하다. 스마트기기로 줌에서 채팅하면 비디오를 끈 것처럼 보인다는 점도 참고하자.

학생들과 수업 약속을 함께 만들자

실시간 쌍방향 수업에는 등교 수업보다 세심한 주의와 수업 약속이 필요하다. 교사와 물리적으로 떨어져 있는 상황이라 학생들이 집중을 못하거나 수업을 방해할 때 바로바로 대응하기 어렵기 때문이다. 따라서 실시간 쌍방향 수업 시 발생할 수 있는 문제 상황을 예측하고 수업 약속을 정하는 것이 중요하다.

교사가 다방면으로 고민한 다음 수업 약속을 제시할 수도 있지만, 학생들과 함께 수업 약속을 정해보는 것도 좋다. 실시간 쌍방향 수업에 참여할 때의 올바른 수업 태도, 우리가 노력할 점, 하지 말아야 할 행동, 특히 수업에 방해되거나 서로 하지 않았으면 하는 행동 등에 대해 이야기를 나누자. 또한 수업에 집중해야 하는 이유와 집중할 수 있는 방법 등에 대해서 이야기해보자.

특히 줌에서 딴짓할 경우 어떤 현상이 일어나는지 학생들과 함께 이야기를 나눠보면 교사가 미처 알아차리지 못한 다양한 상황을 알 수 있다. 이러한 대화 속에서 학생들은 실시간 쌍방향 수업에 성실히 참여할 수 있는, 수업 약속을 스스로 정할 수 있다.

| 실시간 쌍방향 수업 진행 요령

교과서 PDF 활용하기

초기에는 주로 강의식 수업을 했다. 6학년 교실에 무선 AP이 설치돼 있어서 태블릿에 판서를 했다. 태블릿에 교과서 PDF와 디지털교과서를 내려받아 수업 자료로 활용했으며, 수업 중 설명이 필요하다 싶으면 화이트보드 또는 PDF 파일과 디지털교과서에 직접 판서했다. 덧붙여 초등학교 교사들이 많이 활용하는 교육용 사이트 중에는 스마트기기에서 해상도 문제로 일부 화면이 보이지 않는 곳들이 있다. 이 문제 때문에 컴퓨터에서 수업 자료를 공유하고, 태블릿 화면으로 보이는 공유 화면에 판서하며 수업하기도 했다.

교과서 PDF나 교육용 사이트의 수업 자료와 교사의 판서로 이루어지는 수업 형태는 실시간 쌍방향 수업 초기 허들이 낮으며, 수업에 필요한 자료를 쉽게 구할 수 있다는 무시할 수 없는 장점이 있다. 하지만

교과서 PDF를 활용한 판서

컴퓨터에서 수업 자료 공유, 태블릿에서 필기

강의식 수업에 치우칠 수 있다는 점과 학생들의 흥미와 참여를 이끌어
내기 어렵다는 한계를 지닌다.

실시간 쌍방향 수업에서의 쉬는 시간

우리 학교는 40분 수업을 35분으로 단축하고 두 시간씩 블록 타임으
로 묶어서 수업했다. 처음에는 70분 수업 후 쉬는 시간을 줬지만 시간

잠옷을 입고 수업에 참여하는 학생들

단소 수업 중 음료를 마시는 학생

이 지나면서 쉬는 시간에 큰 의미가 없다는 생각이 들었다. 학생들의 의견을 수렴해 수업 중 화장실 급한 친구들은 자유롭게 화장실에 다녀오고, 간단한 음료나 과일 등은 자유롭게 먹으면서 수업에 참여하도록 했다. 또한 활동이 일찍 끝난 친구들은 그냥 쉴 수 있게 해주었다. 학생들은 교실 수업과 다르게 실시간 쌍방향 수업에 편한 마음가짐으로 참여했으며, 자유로운 분위기에서도 수업에 방해되지 않는 선을 잘 지켰다.

비밀이 보장되는 개인 상담실

실시간 쌍방향 수업을 진행하다 보면 특정 학생에게 비공개로 이야기하고 싶은 일이 반드시 생긴다. 활동 중간에 학생들에게 개별 피드백을 제공해주고 싶은 욕구도 매우 커진다. 마이크를 음소거하고 학생에게 전화할 수도 있지만, 줌에서는 소회의실 기능으로 개별 상담하는 방법도 존재한다.

문제는 개인 상담실(소회의실)로 이동해 상담 및 지도를 하면 학급 수업방(본회의실)의 학생들 활동은 관찰할 수 없다는 점이다. 별도의 스마트기기로 학급 수업방(본회의실)에 중복 접속할 수도 있지만, 학급 수업방(본회의실)의 대화도 들으려면 컴퓨터뿐만 아니라 스마트기기에도 스피커를 연결해야 한다. 그러면 하울링 발생 확률이 매우 높아진다. 따라서 개인 상담실(소회의실)은 학생들이 바쁘게 다른 활동을 하는, 짧은 시간 동안만 운영하는 것을 권장한다.

우리 반에서 실패한 수업들

| 모둠별 수업의 날

원격 수업에서는 어떻게 아이들의 학업 성취도를 확인해야 할까?

아침 조회 시간에 줌으로 학습할 내용과 과제를 안내함으로써 수업 전 학습할 내용의 이해도는 높일 수 있었지만, 수업 후 아이들의 학업 성취도를 점검하기는 여전히 까다로웠다. 코로나19 발생 이전 등교하던 시기에는 수업 시간에 학습한 내용을 바탕으로 학습한 내용 요약, 새롭게 알게 된 내용, 수업 후 느낌 등을 배움일지로 작성했다. 배움일지를 점검한 다음 부족한 부분이나 오개념에 대해 면 대 면으로 피드백했다. 그런데 원격 수업 플랫폼에서는 이런 문제를 해결하기가 매우 어려웠다.

원격 수업 초반에는 학습 내용을 잘 이해했는지 확인하기 위해 평가 문항을 탑재해 학업 성취도를 점검한 다음, 새롭게 알게 된 점과 이해되지 않는 점을 정리하도록 했다. 그 뒤 학생들의 평가 결과와 배움일지 작성 피드백을 댓글로 제공했다. 문제는 피드백을 확인하고 부족한 부분을 다시 공부하라는 원래 취지와 다르게 많은 학생이 원격 수업 콘텐츠로 한번 공부하고 나서 다시는 복습하지 않거나 심한 경우 교사의 피드백도 확인하지 않는다는 것이었다. 배움일지에도 그날 학습하면서 새롭게 알게 된 점이 아니라 단순히 학습 문제를 적었다. 학습한 내용 요약, 새롭게 알게 된 내용과 느낌을 개조식으로 작성하는 방법을 설명했지만 비대면 상황에서 전체적인 안내로 학생들을 이해시키는 것은 어려운 일이었다. 결국 학습한 내용을 빠뜨리거나 오개념을 가진 상태로 배움일지를 작성하는 문제는 쉽게 해결되지 않았다. 고민 끝에 학급을 총 세 개의 모둠으로 나누고 모둠별 수업의 날을 운영했다.

활동 \ 요일	월	화	수	목	금
줌 조회					
원격 수업 콘텐츠	모든 학생	모든 학생	모든 학생	모든 학생	모든 학생
줌 모둠 수업	1모둠	2모둠		3모둠	

　기본적으로 모든 학생이 오전 9시까지 줌으로 하는 아침 조회에 참석했으며, 조회 이후 클래스팅 과제(러닝)에 탑재한 원격 수업 콘텐츠로 학습을 실시했다. 이때 월요일 오전은 1모둠, 화요일 오전은 2모둠, 목요일 오전은 3모둠 친구들만 줌에서 모둠별로 수업했다. 모둠별 수업은 한 주 동안 학습한 내용을 바탕으로 '교사:모둠'의 문답식으로 진행했으며, 학생들이 가지고 있는 오개념을 바로잡거나 학습한 내용 궁금증을 해결해주는 형식으로 진행했다.

호기롭게 시작한 모둠별 수업의 날은 대실패로 막을 내렸다. 교사의 질문에는 다들 대답했지만 궁금한 점을 묻는 학생은 거의 없었다. 모둠별로 서로 알고 있는 지식을 동원해 질문을 해결해나가는 토의식 수업을 기대했으나 학습 내용 확인 및 교사의 정답 풀이 시간으로 변질돼 굳이 모둠을 나눠서 수업하는 의미가 사라졌다.

원격 모둠별 수업 운영, 성공할 방법은 없을까?

실패해보니 원격으로 하는 모둠별 수업 운영에 성공하려면 몇 가지 조건이 충족돼야 한다는 사실을 깨달을 수 있었다.

첫째, 교사와 학생, 학생들 사이에 래포가 형성된 다음 모둠별 수업을 시도해야 한다. 욕심이 앞서 원격 수업을 시작한 지 3주 정도 지난 시점에서 본 활동을 실시했는데, 코로나19로 개학이 연기되고, 등교가 늦춰지면서 학생들은 새 학년에도 만나서 친해질 시간이 없었다. 6년 동안 같은 학교를 다녀서 이미 친한 친구도 있었지만, 대부분 얼굴이나 이름 정도만 아는 사이로 모둠별 수업 시 모르는 부분을 질문하고 나서서 대답해주기에는 아직 서먹한 사이였던 것이다.

둘째, 남녀를 섞어서 모둠을 구성해야 한다. 보다 편안한 분위기에서 모둠별 수업에 참여할 수 있도록 남녀를 나눠서 동성끼리 모둠을 구성하는 바람에 이미 친한 학생들끼리의 보이지 않는 벽이 생기면서 특정 친구의 질문에만 반응하거나 아예 입을 다무는 학생들이 발생했다. 학급 학생들의 특성에 따라 다르겠지만, 남녀를 섞어서 모둠을 구성하는 전통적인 방식이 원격 모둠별 수업에도 가장 적절할 듯하다.

셋째, 목적에 따른 학업 성취도를 고려해야 한다. 모둠 구성 시, 학업성취도에 따라 동질집단 또는 이질집단을 구성하는 경우가 있다. 모둠별 수업의 목적을 분명히 하고, 목적에 맞춰 집단을 구성하기 위해서다. 나는 편안한 분위기를 너무 중요하게 생각한 나머지 친분관계에 치우쳐 모둠을 구성하는 오류를 범하고 말았다.

원격 수업 이해도를 점검하고 학업 성취도를 높일 목적이라면 차라리 학업 성취도에 따른 동질집단으로 모둠을 구성하는 것이 효율적이다. 학업 성취도가 높은 모둠에게는 일주일간 학습을 바탕으로 한 심화 학습을 제공하고, 낮은 모둠에게는 일주일 간 학습에서 중요한 내용 복습 및 추가 설명해 학생들이 생각을 나누도록 하는 것이다. 이때 학업 성취도에 따른 모둠 구성은 교사만 알고 있는 비밀이어야 한다!

| 100% 실시간 쌍방향 수업 운영

초등학생의 특성상 모든 학생이 원격 수업을 밀리지 않고 성실히 수행하기는 어렵다. 국어, 수학, 사회 교과의 경우 실시간 쌍방향 수업을 하면서 수업과 평가 및 피드백이 바로 실시됐지만, 나머지 교과는 원격 수업이 원활히 수행되지 못했다. 이런 문제를 해결하기 위해 줌으로 보충 수업을 했으나 한 가지 문제가 있었다. 보충 수업일에 몇몇 학생의 학습량이 너무 많다는 점이었다. 그래서 아예 원격 수업이 밀리지 않도록 모든 수업을 실시간 쌍방향으로 해보기로 했다. '원격 수업을 계속 밀린다면 아예 밀릴 상황을 없애주마!' 마음먹은 것이다.

이에 따라 모든 수업을 실시간 쌍방향 수업으로 진행함과 동시에 실시간 쌍방향 수업에 참여하지 못하는 학생들을 위한 원격 수업 콘텐츠를 별도로 제공했다. 전담교사가 수업하는 시간을 제외하고 주 21시간 정도를 실시간 쌍방향 수업으로, 콘텐츠 활용 및 과제 수행 수업으로 중복 준비하려니 부담이 컸지만, 나름 의미 있는 도전이었다.

결과적으로, 모든 수업을 실시간 쌍방향 수업으로 진행하는 것은 큰 효과를 거두지 못했다. 학생들은 주로 스마트폰으로 원격 수업에 참여했는데, 작은 화면으로 하루 6교시(약 3시간 30분 정도)나 실시간 쌍방향 수업에 참여하라는 것은 학생들에게 너무 가혹했다. 시간이 갈수록 많은 학생이 확연히 눈에 띌 정도로 힘들어했다.

학생별로 수업 활동 수행에 걸리는 시간의 차이가 큰 것도 문제였다. 강의식이나 모둠 활동을 통한 수업에서는 크게 문제가 되지 않았지만 체육, 미술, 음악, 체육 등 학생들의 과제 수행이나 개별 연습 활동이 많은 교과들은 실시간 쌍방향 수업에서 활동을 빨리 끝낸 학생들이 하릴없이 기다려야 한다는 문제가 발생했다.

교실 수업에는 학급문고 읽기 등 빨리 끝난 학생들이 다른 학생들을 기다리면서 할 만한 활동이 있다. 먼저 활동을 끝낸 친구가 다른 친구를 도와주는 것도 가능하다. 그런데 화상회의를 통한 실시간 쌍방향 수업에서는 이러한 활동이 어렵다. 따라서 활동이 빨리 끝난 학생들이 기다리면서 공부할 거리를 준비할 필요가 있다. 이 점을 해결하지 못한 것이 실패 요인이었다.

100% 실시간 쌍방향 수업을 성공할 방법은 없을까? 솔직히 6교시 수업을 모두 실시간 쌍방향으로 진행하기는 무리라는 것이 나의 결론이다. 아마 이 의견에 많은 교사가 공감할 것이다. 개인적으로, 실시간 쌍방향 수업을 진행하기 가장 좋은 시수는 오전 4교시 정도이지 않을까 싶다.

그렇다고 100퍼센트 실시간 쌍방향 수업 시도에 나쁜 점만 있지는 않았다. 실시간 쌍방향 수업을 비롯한 원격 수업의 최고의 장점은 어느 곳에서든 수업에 참여할 수 있다는 점이다. 학생들은 캠핑장, 할머니 댁, 휴가 여행지에서도 실시간 쌍방향 수업에 참여하는 열의를 보여줬다. 매일 정해진 시간(오전 8시 50분)에 줌으로 등교하는 습관이 길러져 콘텐츠 활용 수업이나 과제 수행 수업 위주로 진행할 때보다 규칙적으로 생활하는 부지런하고 멋진 학생으로 거듭났다.

우리 반 맞춤형 수업 가이드

실시간 쌍방향 중심 수업이란

여러 번의 시행착오 끝에 실시간 쌍방향 수업에 대한 도전의식이 생겼다. 줌 아침 조회를 시작으로 교과에 따른 실시간 쌍방향 수업과 100퍼센트 실시간 쌍방향 수업까지 겪어보니, 보다 효과적이고 다양한 형태의 실시간 쌍방향 수업에 욕심이 생겼다. 학생들이 집중력을 잃지 않고 흥미롭게 학습하는 실시간 쌍방향 수업 방법과 적용 시간, 수업 자료와 도구의 활용법 등을 고민했다. 이런저런 고민이 계속되던 중 등교 수업을 실시한다는 교육부의 발표를 접하고 교실 수업과 원격 수업을 연계할 방안을 고민했다.

교육부에서는 온라인 개학과 함께 실시간 쌍방향 수업, 콘텐츠 활용 중심 수업과 과제 수행 중심 수업으로 원격 수업의 모형을 제시했지만, 원격 수업의 교육적 효과에 대한 의문과 학생들의 학력 저하에 대한 문제 제기는 계속됐다. 특히 수업 영상을 단순히 원격 수업 플랫폼에 올려놓기만 하거나 학생들이 스스로 과제를 수행하는 형식의 수업에 대한 비판은 끊이지 않았다.

교실 수업이 아닌, 익숙하지 않은 수업 영상 콘텐츠 제작에는 많은 시간이 든다. 과제에 지속적으로 피드백 하는 교사들의 노력도 아는 사람은 안다. 그렇다고 해서 콘텐츠 활용 중심 수업이나 과제 수행 중심 수업이 학생들로 하여금 교육 목표에 도달하게 하는 좋은 수업 방법이라고 말하기는 어려울 것이다. 이에 실시간 쌍방향 수업을 기본으로 하되 활동에 따라 콘텐츠 활용 중심 수업과 과제 수행 중심 수업을 연계하는 방식을 고민했다.

수업 내용에 따라 교사의 설명과 학생의 협동 활동이 필요한 부분, 학습한 내용을 바탕으로 개별 활동이 가능한 부분을 구분했다. 또한 교사의 일방적인 설명으로 학습이 가능한 내용과 오개념의 발생 등으로 쌍방향 소통으로 설명해야 하는 내용을 구분했다. 내용에 따라 한 차시 수업을 쌍방향 소통과 학생의 과제 수행 또는 콘텐츠 활동 부분으로 나누고, 연계하는 수업 구상 모델을 고안했다. 또한 기존의 교실 수업에서 활용하던 수업 전략을 실시간 쌍방향 수업에서 구현할 방법도 함께 고민했다. 교실 수업과 비교해 물리적 제약이 많은 상황에서 실시간 쌍방향 수업 도구와 별도의 앱 등을 활용하여 교실 활동을 원격으로도 구현하고자 노력했다.

과거에는 한 차시의 수업을 교실 수업과 원격 수업으로 연계하는 것이 일반적이었지만, 온전히 원격으로만 수업해야 하는 상황의 변화에 맞춰서 단원이나 주제 중심으로 교육과정을 재구성하고 교실 수업과 원격 수업을 연계했다. 원격 수업은 실시간 쌍방향 수업을 기본으로 하되, 수업 내용에 따라 한 차시 수업 안에서 콘텐츠 활용 중심 수업과 과

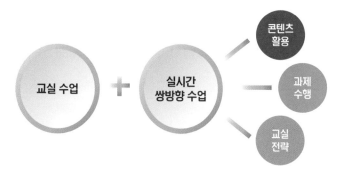

제 수행 중심 수업을 병행했다. 또한 코로나19 이전에 교실 수업에서 활용되던 다양한 수업 전략을 원격 수업에 연계하여 이를 바탕으로 실시간 쌍방향 기반 블렌디드 러닝 모델을 구안했다.

많은 시행착오를 거치면서 실시간 쌍방향 중심 블렌디드 러닝 모델을 개발하고, 학급에 적용했다. 적용해보니 모델별로 잘 어울리는 교과와 그렇지 못한 교과가 존재했다. 단원이나 주제에 따라 교육과정을 재구성할 경우, 차시별로 서로 다른 형태의 실시간 쌍방향 중심 블렌디드 러닝 모델을 혼합하기도 했다. 교과 특성뿐만 아니라 학습에 참여하는 교사와 학생의 특성에 따라서 이러한 어울림은 다르게 나타날 수 있다고 생각한다. 그럼 지금부터 2020년도 6학년, 우리 반에서 실시한 실시간 쌍방향 중심 블렌디드 러닝의 사례를 교과 순서에 따라 유형별로 풀어나가보겠다.

콘텐츠 활용 실시간 쌍방향 수업 사례

줌으로 수업하면서 겪은 가장 큰 문제점은 동영상을 수업 자료로 사용하면 렉이 발생해 원활한 학습이 어렵다는 점이었다. 음원, 사진, 그림, 텍스트 등 대체 자료는 다양했지만 수업 활동에 따라 영상이 가장 효과적인 경우도 존재했다. 특히 사회 과목은 영상으로 수업할 경우, 보다 풍성해지기 때문에 실시간 쌍방향 수업에 영상 자료를 원활하게 활용할 방법을 고민했다. 고민 끝에 영상 자료로 수업하는 부분을 학생들에게 개별 콘텐츠로 수업하도록 했다.

먼저 실시간 쌍방향 수업으로 학습 문제 확인 및 학습 활동을 안내하고, 학생들이 무엇을 공부해야 하는지 정확히 이해했는가 확인하는 단계부터 거쳤다. 그 후 일정 시간 학생들은 실시간 쌍방향 수업 플랫폼을 끄지 않은 상태로, 주어진 콘텐츠로 학습하며, 학습과정에서 발생하는 궁금증은 그때그때 해결했다. 콘텐츠 활용 학습이 마무리되면 다시 실시간 쌍방향 수업으로 돌아와 학습 활동을 확인하고, 활동 결과에 피

실시간 쌍방향 수업	콘텐츠 활용 수업	실시간 쌍방향 수업
-동기 유발 -학습 문제 및 학습 활동 확인	-학습 활동 -피드백	-학습 활동 확인 -피드백 -학습 정리

드백 하며 학습 내용을 정리했다.

　콘텐츠를 활용한 실시간 쌍방향 수업은 교과 특성상 학습을 위한 다양한 영상이 제공되는 사회, 과학 교과에 효과적이다. 도입과 정리 부분에서만 실시간 쌍방향으로 수업하기 때문에 처음에 시도해보면서 교사와 학생들이 점차 익숙해지기 좋은 형태이기도 하다. 이런 형태의 수업에서 가장 주의해야 할 점은 반드시 학생들의 활동 점검 단계가 필요하다는 것이다. 단순히 콘텐츠만으로 학습을 마무리하면 학습 성취도도 확인할 수 없고, 콘텐츠 학습을 마무리하지 않는 학생들도 나타나기 때문이다.

　그럼 지금부터 2020년 우리 반에서 실제로 해본 콘텐츠 활용 실시간 쌍방향 수업 사례를 소개하겠다.

| 읽은 책의 내용 간추려서 친구들에게 추천하기

수업 형태	교과	학습 주제	학습 활동
콘텐츠 활용 실시간 쌍방향	국어	내가 읽은 책의 내용 간추리기	🖥 책의 내용 간추리는 방법 알아보기 📷 내가 읽은 책의 내용 간추리기

6학년 1학기 〈국어〉의 '독서' 단원 중 각자 읽은 책의 내용을 간추리

는 수업을 했다. 먼저 줌에서 질문 만들고 답하기 활동을 통해 책의 내용 간추리는 방법에 대해 알아봤다. 그다음에 학생들에게 같은 지문을 제공하고, 지문의 내용을 바탕으로 질문을 만들도록 했다. 이어서 만든 질문을 공유하고, 답을 맞히며 중복된 질문이나 지문 내용을 파악할 수 있는 질문들을 선택했다. 이로써 책의 내용을 간추리는 방법과 꼭 포함해야 하는 요소에 대해 알아봤다.

그 후 책의 내용을 간추리는 방법이 담긴 콘텐츠를 각자 시청하면서 지난 시간에 읽은 책의 내용을 간추렸다. 마침 인천시교육청 수업 개선 선도교사의 활동으로 독서 단원과 관련된 수업 영상 콘텐츠를 촬영한 상황이라 평소보다 훨씬 질이 뛰어난 영상 콘텐츠를 제공할 수 있었는데, 아주 잠시지만 EBS 강사 같은 느낌으로 아이들의 감탄과 존경도 받을 수 있었다. 간추린 내용을 담은 활동지는 클래스팅으로 공유하고, 상호평가도 실시했다.

'독서' 단원은 교사는 물론 학생들도 부담 없이 실시간 쌍방향 수업으로 접근하기 좋은 단원이다. 줌을 통해 책 읽는 방법, 내용 간추리기 등의 이론을 간단하게 설명한 다음 책 읽기, 독후감 쓰기, 인상적인 장면 그림으로 나타내기 등 학생 활동을 진행하기 때문이다.

실시간 쌍방향 수업에 익숙하지 않은 학급의 경우 돌발 상황 때문에 수업 시간이 많이 지체된다. 전체적인 설명과 학생 활동으로 이루어지는 독서 단원 수업은 이러한 돌발 상황을 최소화할 수 있다. 아쉬운 점은 코로나19로 도서관이 문을 닫은 시기에 수업했다는 것이다. 도서관에서 학생들이 관심 있는 주제와 관련된 책을 직접 골라보고, 수업하면 더욱 효과적인 수업이 될 것이다.

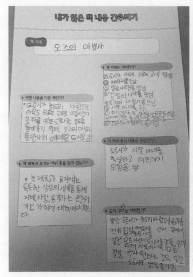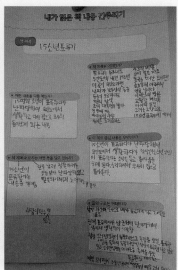

학생들이 클래스팅에 탑재한 활동지

만다라트로 올해 목표 세우기

수업 형태	교과	학습 주제	학습 활동
콘텐츠 활용 실시간 쌍방향	도덕	2020학년도 목표 세우기	📷 자주적인 삶에 대해 알아보기 📷 만다라트 계획표 세우기 💻 2020학년도 목표 발표하기

　6학년 1학기 〈도덕〉 '내 삶의 주인은 바로 나' 단원과 관련해 2020학년도 목표를 스스로 세워보는 시간을 가졌다. 만다라트(Mandala-Art)로 2020학년도 목표를 체계적으로 세워보고 이를 실천할 기회를 가져보는 수업이었다. 일본 야구 선수 오타니 쇼헤이의 성공 비결이라고도 알려진 만다라트는 하나의 핵심 목표를 세우고, 핵심 목표를 이루기 위한 여덟 가지 세부 목표를 정한다. 다음 세부 목표를 달성하기 위한 여

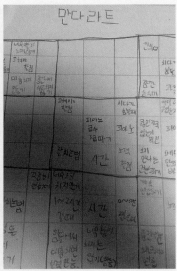

만다라트를 활용한 2020학년도 목표 세우기

덟 가지 구체적인 실천 계획을 설정하는 방식으로 설계한다.

학생들에게 만다라트에 대해 설명한 다음, 자주적인 삶의 의미는 물론 자주적으로 살아가기 위한 자세 등의 내용이 포함된 영상 콘텐츠를 제공했다. 학생들은 영상을 다 본 다음 만다라트 계획표로 삶의 목표를 세우고, 목표를 이루기 위해 노력할 일을 기록했다. 이렇게 계획한 올해의 목표는 학기 말 '나를 돌아보는 생활' 단원과 연계해 한 학기 동안의 생활을 돌아보는 것으로 마무리 지을 예정이었다.

이 수업은 아쉽게도 생각만큼 결과가 나오지 않았다. 이런 수업이 성공하려면 핵심 목표와 세부 목표, 실천 계획에 대한 명확한 이해가 동반돼야 한다는 사실을 너무 늦게 깨달았다. 또한 핵심 목표에 따른 여덟 가지의 세부 목표와 각각 여덟 개의 실천 계획은, 아무리 6학년이라도 초등학생에게는 너무 어려운 활동이었다. 차후에 본 수업을 다시 진행한다면 만다라트의 형태를 변형해 세부 목표와 실천 계획을 네 가지 정도만 작성해볼 생각이다. 덧붙여 학생들에게 꼭 만다라트 계획을 세우기 위한 기본 양식을 제공해줘야 한다. 아이들은 9×9표를 그리는 것을 생각보다 훨씬 더 어려워한다!

▎나를 돌아보는 격언 공유하기

수업 형태	교과	학습 주제	학습 활동
콘텐츠 활용 실시간 쌍방향	도덕	나를 돌아보는 격언 공유하기	📺 원격 수업과 관련한 나의 생활 돌아보기 📷 나를 돌아보는 격언 작품 만들기 📺 나를 돌아보는 온라인 격언 전시회

6학년 1학기 〈도덕〉 '나를 돌아보는 생활' 단원과 관련해 학생들과 함께 자신의 생활을 돌아볼 만한 격언에 대해 생각해보는 시간을 가졌다. 참고로 이전 수업에서 성찰 일기 쓰기, 속담 또는 격언 활용하기, 좌우명 실천하기 등 다양한 성찰 방법을 학습했다. 본 수업에서는 미리 학습한 성찰 방법을 내면화하고, 성찰에 대한 실천 의지를 다지기 위해 '나를 돌아보는 격언'을 공유해봤다.

일단 학생들이 줌에 접속한 시간을 기록하고, 접속 시간을 익명으로 알려줬다. 수업 시작과 함께 학생들이 스스로 약속 시간을 지키지 않는 생활습관에 대해 고민하게끔 하려는 의도였다. 그다음에 지난 시간에 학습한, 나의 생활을 돌아보는 격언과 그에 관련된 영상 콘텐츠를 제공했다. 격언으로 성찰 방법을 상기시킨 것이다. 이어서 평소 고치고 싶던 습관과 관련된 격언을 알아보도록 했다. 접속 시간을 동기 유발로

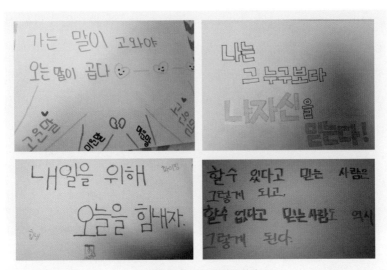

내 생활을 돌아보는 격언 꾸미기

활용했기 때문에 학생들이 시간과 관련된 격언만 이야기하지는 않을까 걱정스러웠지만, 다행히도 학생들은 자신의 생활습관과 관련된 다양한 격언을 알아보았다.

마지막으로 원래 알고 있던 격언과 소회의실에서 모둠 친구들의 도움으로 알게 된 격언에 더해 인터넷 검색을 통해 알아본 여러 격언 중 마음에 드는 격언 하나를 꾸미도록 했다. 학생들은 짧은 시간에도 불구하고 예쁘게 꾸민 격언으로 온라인 전시회에 참여했다.

온라인 격언 전시회로 학생들은 스스로 돌아보고자 하는 생활 태도와 격언과의 관계, 격언의 뜻 등을 공유했다. 여기에 더해 도덕적 성찰과 함께 나쁜 습관을 버리고, 좋은 습관을 실천하고자 하는 의지도 다졌다.

2학기 국어 교육과정의 관용 표현과 함께 연계해 수업했다면 더욱 효과적이었을 텐데, 이 점이 여전히 아쉽다. 온라인 개학이라는 갑작스러운 상황만 아니었다면 2020년에도 교육과정을 보다 효과적으로 재구성할 수 있었을 텐데 싶어 더욱더 아쉬웠다. '차후에 6학년을 담당한다면 꼭 두 단원을 연계해서 교육과정을 재구성해야지'라고 다짐하게 만든 수업이었다.

┃ 우리나라의 경제 성장 알아보기

수업 형태	교과	학습 주제	학습 활동
콘텐츠 활용 실시간 쌍방향	사회	1990년대 이후 경제 성장 모습 알아보기	응답하라 1994 영상 시청하기 1990~2000년대 발달한 산업 알아보기 우리나라 경제 성장 연표 만들기

혼자만의 생각일 수도 있지만, 사회는 다른 교과에 비해 특히 영상 자료의 필요도가 높은 교과목이다. 더불어 6학년 1학기 〈사회〉 '우리나라의 경제 발전' 단원은 콘텐츠 활용 실시간 쌍방향 수업으로 진행하기에 적합하다.

인터넷에는 수업에 활용할 수 있는 우리나라의 시대별 경제 성장 모습을 보여주는 영상 자료가 많다. 이런 교육용 영상 자료도 활용하기 좋지만, 드라마나 영화의 장면을 활용하면 학생들이 더욱 흥미로워하며 수업에 참여한다. 이에 1990년대부터 2000년대까지의 생활상과 경제 상황을 재미있게 알려주는 장면이 많은 '응답하라 시리즈'를 동기 유발 자료로 활용했다.

1990년대부터 2000년대까지 발달한 산업의 종류와 특성에 대해 학습한 다음, 줌 소회의실에서 모둠별로 1990년대부터 2000년대를 대표하는 산업과 그 산업의 특성에 대한 의견을 나눴다. 이후 모둠별로 패들렛에 경제 성장 연표를 작성했다. 패들렛의 여덟 가지 형태 중 타임라인을 활용하면 연표같이 시간의 흐름 확인이 중요한 활동들을 편하게 할 수 있다. 모둠별로 패들렛으로 만든 경제 성장 연표를 보면서 콘텐츠로 학습한 내용을 점검하고, 학생들의 이해가 부족한 부분도 보충해줬다.

학생들이 만든 연표를 점검하다 보니 1950년대부터의 경제 성장 연표를 누적해서 만들어도 좋겠다는 생각이 들었다. 이에 단원 마무리 활동으로 1950년대부터 2000년대 이후까지 경제 성장 연표를 종합해 만들어보고자 했지만, 학생들이 너무 싫어해서 포기했다. 연표를 만들면 좋겠다는 생각을 너무 늦게 떠올린 듯하다.

우리나라 경제 성장 연표 만들기

▮ 각기둥과 각뿔 학습 내용 정리하기

수업 형태	교과	학습 주제	학습 활동
콘텐츠 활용 실시간 쌍방향	수학	각기둥과 각뿔 학습 내용 정리하기	▶ 각기둥과 각뿔 학습 내용 복습하기 🖵 학습 내용 모둠별로 공유하기 🖵 얼마나 알고 있나요

6학년 1학기 〈수학〉 '각기둥과 각뿔' 단원을 정리하는 차원에서 본 수업을 구상했다. 학생들은 해당 단원에서 학습한 내용 중 꼭 기억해야 할 내용이 담긴 영상 콘텐츠를 보면서 마인드맵으로 요점을 정리했다. '도형' 영역의 경우에는 학습 내용 정리 콘텐츠와 마인드맵을 병행하는 활동이 꽤 효과적이었다.

콘텐츠 활용 학습이 마무리된 다음에는 줌 소회의실에 모여 모둠 친구들과 서로의 학습을 공유하며 부족한 부분을 보충해주도록 했다. 모

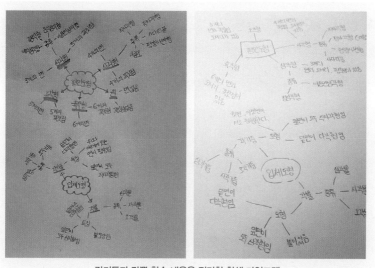

각기둥과 각뿔 학습 내용을 정리한 학생 마인드맵

둠별로 학습 내용을 공유하는 동안 나는 학업 성취도가 낮은 학생들을 특정해 별도로 보충 학습을 실시했다.

마무리로 '얼마나 알고 있나요'를 풀고 확인했다. 단순히 '얼마나 알고 있나요'만 풀고, 확인하는 것보다 이런 과정이 동반된 단원 마무리가 학생들의 학업 성취도를 높이는 데 긍정적인 영향을 끼치지 않을까 싶다.

| 내가 할 수 있는 가정일 찾아보기

수업 형태	교과	학습 주제	학습 활동
콘텐츠 활용 실시간 쌍방향	실과	내가 할 수 있는 가정일 찾아보기	📷 가정일 알아보기 📷 내가 할 수 있는 가정일 찾아보기 💻 주간 가정일 참여표 작성하기

코로나19로 인해 학생들이 가정에서 생활하는 시간이 많이 늘어났다. 이런 상황에 맞춰 학생들이 스스로 할 수 있는 가정일을 찾아 실천하는 것이 매우 중요하겠다는 생각이 들었다. 이에 6학년 〈실과〉 '가정생활' 단원의 가정일 관련 수업을 콘텐츠 활용 실시간 쌍방향 수업으로 진행했다.

영상 콘텐츠를 통해 다양한 가정일을 알아보고, 각자 할 수 있는 가정일을 찾아보도록 했다. 줌에서 모여 서로 발견한 가정일에 관해 이야기한 후, 이를 각자 가정에서 실천하기로 했다. 학생들이 체계적으로 가정일에 참여하도록 가정일별 실시 횟수도 함께 조사했다. 가정일별 실시 횟수를 함께 조사해봄으로써 주간 가정일 참여표를 작성하고, 이를 토대로 적극적으로 가정일에 참여하도록 수업을 구상했다.

이정석

내가 할 수 있는 가정일을 찾아보고, 직접 실천한 다음 몇 번이나 실천했는지 이야기해봅시다.

강지선
식사 준비(일주일 동안), 식사 치우기(일주일 동안), 내 방 청소(일주일에 2, 3번), 이불 개기(매일), 신발장 청소(일주일에 2, 3번)

오영빈
내 방 청소(평생), 신발장 정리(주말), 식사할 때 수저 놓기(평생)

이효민
식사 준비(일주일), 빨래(일주일), 방 청소(2, 3번), 분리배출(1, 2번)

배건우
방청소(일주일), 설거지(2, 3일), 분리수거(1, 2일)

오수아
내 방 청소(평생), 이불 정리(평생), 화분 물 주기(일주일에 3, 4번), 식사 준비(매일 식사 시간), 분리수거 돕기(주말)

한주연
내 방 청소(일주일에 3번), 신발장 정리 (일주일에 2, 3번), 빨래 개기(일주일에 2, 3번), 책상 정리(매일)

임원택
방 청소하기, 식사 준비하기, 빨래 개기(일주일)

이동훈
설거지하기, 방 청소하기, 캠핑장에서 분리수거하기

윤지환
식탁에 수저 두기, 방청소하기, 책상 정리하기

한승준
신발 정리(일주일에 2번), 보드게임 정리(놀 때마다 항상), 방청소하기(일주일에 2, 3번)

김은찬
식사 준비, 신발장 정리, 빨래 널기 15일간

이유찬
신발 정리 가끔씩, 분리수거 일주일에 1번, 강아지 밥 챙겨주기 매일

하태경
내 방 청소(일주일 2, 3번), 이불 정리(매일), 화분 물주기 (일주일 2, 3번), 빨래 개기(일주일 3, 4번), 신발장 정리 (일주일2, 3번)

류소현
방 청소하기, 분리수거하기, 수저 놓기, 빨래 돌리기, 빨래 널기, 음식 나르기, 청소기 돌리기, 빨래 개기

김민채
내 방 정리하기, 수저 놓기, 화분에 물 주기, 엄마 음식 보조하기

김윤슬
식사 준비(4, 5번), 식사 치우기(저녁마다 매일), 설거지(1, 2번), 분리배출 (주말마다)

박선우
빨래하기, 설거지하기, 방 청소하기, 분리수거하기

김광훈
방 청소하기, 분리 배출하기, 식사 준비하기, 화분 물 주기

강현욱
청소하기

　활동 결과를 살펴보니, 예상 외로 학생들은 다양한 가정일에 동참하고 있었다. 본인 방 청소는 물론 식사 준비와 설거지까지 담당하는 친구들도 있었다. 이야기해본 결과 부모님이 만들어두신 반찬을 이용해 점심을 챙겨 먹는 경우가 대다수였지만, 간혹 일주일에 한두 번 직접 요리하는 친구들도 있었다.

　서로의 가정일에 대해 이야기하고 참여표를 작성하는 과정에서 몇몇 학생은 반성하는 태도를 보이기도 했다. 그동안 가정일을 모두 부모님께 맡기고 너무 소홀했던 것 같다고, 앞으로 가정일에 더욱 적극적으로 참여해야겠다고 다짐한 것이다.

프로그래밍 언어 체험하기

수업 형태	교과	학습 주제	학습 활동
콘텐츠 활용 실시간 쌍방향	실과	블록형 프로그래밍 언어 체험하기	🖥 프로그래밍 과정 알아보기 📹 블록형 프로그래밍 언어 체험하기

　학생들이 학교에 와서 컴퓨터 교실에서 수업 받을 수 없는 상황을 고려해 6학년 〈실과〉 '소프트웨어' 단원을 콘텐츠 활용 실시간 쌍방향 수업으로 재구성했다. 그런데 엔트리(entry)는 컴퓨터에 최적화돼 있어서 화면이 작은 스마트기기에서는 활용하기가 어렵다는 문제점이 있었다. 스마트기기에서는 화면 크기 조절이 불가능해 프로그래밍을 체험하는 학생들에게 블록형 명령어가 잘 보이지 않았다. 당연히 결과를 확인하기 곤란했다. 문제는 많은 학생이 스마트기기로 온라인 수업에 참여한다는 것이었다.

　문제 해결을 위해 수업에 '온라인 코딩파티'에서 제공하는 코딩 미션을 적용했다. 온라인 코딩파티는 기술정보통신부와 교육부에서 주최하고 한국과학창의재단이 주관하여 2015년부터 매년 2회씩 개최하는 행사다. 소프트웨어와 인공지능이 만들어지는 원리를 게임처럼 익힐 수 있는 코딩 미션이 제공되는데, 행사 기간 외에도 미션 활동에 참여할 수 있기 때문에 수업에도 유용하게 활용할 수 있다. 컴퓨터와 스마트기기를 구분해 최적화된 다양한 프로그래밍 활동을 게임 형태로 제공하기 때문에 학생들이 어떤 기기를 사용하느냐와 상관없이 소프트웨어 수업에 효과적이다.

　줌에서 프로그래밍 과정과 다양한 형태의 프로그래밍 언어에 대해

수업에 활용한 영상 콘텐츠 (온라인 코딩파티)

블록형 프로그래밍 활동 인증서 받기

알아본 후 온라인 코딩파티를 기본으로 한 콘텐츠로 블록형 프로그래 밍 언어를 체험했다.

스마트기기에 앱을 설치해 다양한 프로그래밍 언어를 게임 형태로 체험하는 활동이라 학생들이 재미있게 참여했다. 특히 남학생들의 반 응이 좋았다.

"게임을 하는 느낌이 들어요."

"다른 미션도 참가해봐도 돼요?"

이런 반응을 보이며 적극적으로 수업에 참여했다. 주어진 활동 해결 에만 그치지 않고, 온라인 코딩파티에서 제공하는 다양한 콘텐츠(미션) 를 직접 찾아서 참여하고, 스스로 해결하기 어려운 부분은 알아서 질문 하는 학생도 상당수 있었다. 수업은 역시 재미있어야 한다는 것을 다시 한 번 실감할 수 있었다.

도구로 쳐서 정확하게 보내기

수업 형태	교과	학습 주제	학습 활동
콘텐츠 활용 실시간 쌍방향	체육	도구로 쳐서 정확하게 보내기	집 안에서 골프 게임하기 기록 공유하기

체육은 학생들이 가장 좋아하는 과목 단연 1위일 것이다. 그렇지만 코로나19 때문에 등교해도 이렇다 할 체육 활동이 불가능한데다 다양한 체육 도구를 갖추지 못한 가정에서 별도의 체육 활동을 하기도 어려운 실정이다. 이에 6학년 〈체육〉 '도전활동_표적활동' 단원에서 가정에 있는 물건으로 다양한 체육 활동에 참여할 수 있는 수업을 구상하고 놀이 활동 콘텐츠를 여러 개 제작했다.

첫 번째로 가정에서 쉽게 구할 수 있는 양말, 우산, 구두주걱, 택배 상자 등을 이용한 변형 골프 게임을 준비했다. 기본 게임은 구두주걱으로 쳐서 두 개의 종이컵 사이로 양말을 지나가게 하는 활동이다. 양말을 앞부분부터 김밥 말듯이 말아 동그랗게 뭉쳐야 양말이 원하는 방향으로 잘 굴러간다. 그다음으로 종이컵 두 개로 이루어진 통과 지점을 여럿 만들어 사이를 모두 통과하는 게임을 진행했다. 우승자로는 양말을 구두주걱으로 가장 적게 쳐서 모든 통과지점을 지나간 학생을 뽑았다.

심화 게임으로는 구두주걱으로 양말이 공중에 뜨도록 쳐서 택배상자 안에 넣기를 진행했다. 정확한 방향과 힘의 세기를 조절해야 성공할 수 있는 어려운 게임이었지만, 그렇기에 학생들의 도전 욕구를 자극하기 좋은 게임이기도 했다.

통과지점은 세 개 정도 만들었는데, 게임이 진행될수록 세 개의 통과

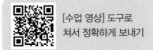
[수업 영상] 도구로 쳐서 정확하게 보내기

지점을 모두 통과하기까지 구두주걱으로 치는 횟수가 점점 감소했다. 처음 기록이 일곱 번이었던 학생은 다른 친구가 횟수를 여섯 번으로 줄이자 재도전이 가능하냐며 기록 갱신에 대한 의욕을 불태웠다.

게임 도중에 통과지점 간의 거리나 심화게임에서 활용한 택배상자의 크기 등 공정성에 대한 불만을 표현하는 학생들도 있었다. 학생들의 이런 반응을 미리 예상했다면 도덕의 '공정'이라는 개념과 연계해 수업해도 좋았을 텐데, 싶어 아쉬움이 남는다.

그래도 이런 게임을 수업에 활용한 보람은 있었다. 가정에서 쉽게 발견할 수 있는 도구로 최대한 재미있게 찍은 체육 영상 덕분인지 학생들은 게임 방법을 쉽게 이해했다. 평소 알고 지내던 선생님이 영상에서 우스꽝스럽게 등장해서인지 우리 반 학생들뿐만 아니라 다른 반 학생들도 복도에서 마주치면 "선생님, 저 팬인데! 성덕이 됐어요!"라는 반응을 보였다.

과제 수행 실시간 쌍방향 수업 사례

과제 수행 실시간 쌍방향 수업은 과제 수행 중심 수업과 실시간 쌍방향 수업이 결합된 형태다. 연습과 실기 활동이 중심이 되는 미술이나 음악 및 동아리 활동 등에 효과적이다. 이 수업 역시 실시간 쌍방향 수업을 바탕으로 한 원격 수업에 익숙하지 않은 교사와 학생들이 처음 시도하기 좋은 형태지만 활동 준비물이 필요하기 때문에 미리 학습 꾸러미를 챙길 필요가 있다.

먼저 실시간 쌍방향 수업에서 학생들과 함께 학습 문제를 확인하고, 학습 활동을 안내한다. 이때 본시 학습에서 무엇을 공부해야 하는지 정확히 이해했음을 확인한다. 그다음 학생들은(실시간 쌍방향 수업 플랫폼을 끄지 않고) 주어진 시간 동안 과제를 수행한다. 과제 수행 과정에서 발생하는 궁금증은 바로바로 해결한다. 콘텐츠 활용 학습이 마무리되면 다시 실시간 쌍방향 수업으로 돌아와 학습 활동을 확인하고 결과에 따라 피드백 하며 학습 내용을 정리한다.

실시간 쌍방향 수업
-동기 유발
-학습 문제 및 학습
 활동 확인

과제 수행 수업
-학습 활동
-피드백

실시간 쌍방향 수업
-학습 활동 확인
-피드백
-학습 정리

▎재능 기부 실천하기

수업 형태	교과	학습 주제	학습 활동
과제 수행 실시간 쌍방향	도덕	재능 기부 실천하기	📟 재능 기부 실천 계획 세우기 🎞 재능 기부 영상 제작하기

6학년 〈도덕〉 '우리가 만드는 도덕 수업' 단원에서는 재능 기부를 다룬다. 등교 수업이 가능했다면 학생별로 코너를 나눠 반 친구들을 위한 재능 기부 수업을 했겠지만, 코로나19 감염 예방을 위해 별도의 방법을 강구해야 했다. 천 피스 퍼즐 쉽게 맞추기, 나노 블럭 만들기, 칼림바 연주하기, 컬러링북 색칠하기 등 주제별로 학생들의 선호도를 조사했다. 이를 바탕으로 학생들이 각자 자신 있는 주제의 재능 기부 실천 영상 제작 계획을 수립하고, 과제로 만든 재능 기부 영상을 클래스팅에 공유하는 형태로 수업을 구상했다.

수업에 필요한 활동 교구는 학급운영비 외에 인천시교육청에서 운영하는 학급 단위 공모사업을 통해 구입했다. 인천시교육청은 담임교사의 재량적 학급운영 지원을 위해 20만 원 이상의 학급운영비를 제공하도록 권장한다. 여기에 더해 학생들이 자치 활동 활성화를 위해 '스스로 학급'이라는 사업을 운영함으로써 학급 또는 학년 단위로 공모하여 학생 주도의 학급 행사에 예산을 지원한다. 계획서와 보고서를 내고, 공문까지 작성해야 해 과정이 다소 번거롭지만, 풍성한 학급운영을 위해 시·도교육청 및 지역교육지원청에서 지원하는 다양한 사업에 참여하는 것을 추천한다.

예년 같았으면 외부 봉사활동 등 체험 활동 위주로 학급 특색 활동을 진행했을 것이다. 아쉬운 대로 대체한 것이 교구를 활용한 조작 활동이었다. 그렇게 꿩 대신 닭으로 진행해본 재능 기부 실천 수업이었지만 학생들의 만족도는 상당히 높았다. 퍼즐, 나노블럭, 칼림바 등 좋아하는 물건을 제공받는 과정에서 선물 받은 느낌이라고 이야기하는 친구들도 있었다. 음식 만들기 수업 시 만드는 모습을 영상으로 남겨서 후배들에게 수업 자료로 제공하고 싶다는 친구도 있었다.

이렇게 촬영된 영상은 후배들을 위한 귀중한 수업 자료로 활용될 예정이다. 코로나19 상황이지만, 학생들에게 작은 추억과 기쁨을 남겨줄 수 있었다는 점에서 매우 만족스러운 수업이었다.

학생 제작 재능 기부 영상

▌리코더로 연주하는 캐롤 메들리 영상 만들기

수업 형태	교과	학습 주제	학습 활동
과제 수행 실시간 쌍방향	도덕	리코더로 캐롤 연주하기	🖥 캐롤 익히고 학생별 담당 캐롤 정하고 리코더 연주 연습하기 ▦ 리코더로 캐롤 연주 연습하기 🖥 리코더 연주 영상 촬영하기

온라인 개학이 시작되면서부터 꾸준히 줌으로 실시간 쌍방향 수업을 해온 경험 덕분에 줌과 관련된 교사 연수를 여러 번 다녔다. 이런 교사 연수에서 많은 교사에게 원격 수업으로 진행하기 어렵다고 생각되는 수업을 꼽아보게 하면 많이들 음악, 특히 악기 부분을 원격으로 수업하기 곤란하다고 꼽곤 했다. 하지만 줌의 소회의실 기능을 활용하면 교실에서보다 효과적으로 악기 연주 수업을 할 수 있다.

6학년 〈음악〉 중 '자율 활동'과 관련해 리코더로 연주하는 캐롤 메들리 영상을 제작하기로 했다. 학생들에게 여러 캐롤의 악보를 제공하고, 마음에 드는 캐롤을 고르도록 했다. 개별로 선택한 캐롤을 리코더로 연주하는 연습 시간을 가졌는데, 줌 소회의실로 학생들을 한 명씩 순차적으로 불러서 리코더 연주를 개별적으로 지도하는 방식으로 수업했다. 이어서 리코더 연주 연습을 과제로 내주고, 학생들이 연주하는 모습을 줌으로 녹화했다.

연주 녹화 과정에서 렉 등으로 소리가 깔끔하지 못한 문제가 발생하기도 했는데, 이런 문제가 발생한 친구들에게는 스마트폰으로 직접 연주 영상을 촬영해 제출하게끔 했다. 이렇게 완성된 우리 반 캐롤 메들리 영상은 추후 12월 24일에 크리스마스 파티를 진행하면서 모두 함께 감상하기로 했다.

교실에서 악기 연주 수업을 하면, 학생들의 악기 조작에 직접 피드백해줄 수 있다는 장점이 있지만, 다른 친구들 모두 연주 연습하는 상황에서 특정 친구의 연주 소리만 들으면서 지도하기란 쉬운 일이 아니다. 자기 연주 소리를 들으며 악기 연습을 해야 하는 학생들에게도 다른 친구들의 연주 소리는 방해 요인일 뿐이다.

과제 수행 실시간 쌍방향 수업으로 진행된 악기 수업은 이러한 측면에서 꽤 효과적이었다. 학생들은 음소거하거나 스마트기기의 소리를 줄이는 것으로 다른 친구들의 소리에 방해를 받지 않고 악기 연주 연습을 할 수 있다. 한편 교사는 화면을 통해 학생들의 연습 상황을 한눈에 파악할 수 있고 소회의실에서 순차적으로 개별 지도까지 가능하다.

소회의실에서 개별 지도 시 해당 학생의 연주 소리에만 집중할 수 있는 것은 큰 장점이다. 따라서 과제 수행 실시간 쌍방향 수업을 통한 리코더, 단소 등의 악기 수업을 많은 교사에게 강력하게 추천한다.

줌 전체 방에서 캐롤 연주 연습하기   줌 소회의실을 활용한 1:1 지도하기

| 배색으로 쇼윈도 꾸미기

수업 형태	교과	학습 주제	학습 활동
과제 수행 실시간 쌍방향	미술	배색을 활용하여 쇼윈도 꾸미기	💻 색의 3속성 알아보기 💻 배색에 대해 알아보기 📱 배색으로 쇼윈도 꾸미기

6학년 〈미술〉 '색 표현하기' 단원에서 학습하는 색의 3속성과 배색을 학생들이 재미있게 학습할 수 있도록 쇼윈도 꾸미기 활동을 준비했다. 색의 3속성인 색상, 명도, 채도와 배색을 학습한 후 쇼윈도 마네킹의 옷을 꾸미는 활동으로 종이인형에서 착안했다.

기본적인 쇼윈도와 남녀 마네킹 틀(인형 모형)을 학습 꾸러미로 나눠주고, 이를 배색으로 꾸미게끔 했다. 또한 학생들에게 다양한 소품을 직접 제작해서 추가해도 좋다고도 이야기했다. 그동안 색의 3속성과 배색 학습 시 한 가지 색을 정하고 명도나 채도를 달리해서 색칠하는 활동을 많이 했는데, 2020년에 이 수업을 하고 나니 학생들의 만족도가 상당히 높았다.

직접 종이인형을 가지고 놀아본 적은 없지만, 어릴 적 주변 여학생들이 종이인형을 가지고 놀던 기억은 내게도 남아 있다. 이 수업은 그때의 추억을 떠올리며 구상했는데, 예상 외로 종이인형을 이미 아는 학생들이 있었다.

"어? 이거 전에 외식할 때 식당에서 팔던데?"

어떤 부모님들은 학생의 활동 모습을 보고 종이인형을 가지고 놀았던 경험을 이야기해줬다고 한다.

배색으로 쇼윈도 꾸미기

"선생님 저희 엄마도 어릴 때 이거랑 비슷한 것 가지고 노셨대요."

학부모 상담 시 자녀가 저학년일 때는 학교생활에 관해 다양하게 이야기하더니, 고학년이 되고 난 뒤에는 별로 이야기하지 않는다는 학부모님을 꽤 많이 볼 수 있다. 간혹 자녀와 무슨 이야기를 해야 할지 고민이라는 분도 있다. 이런 경우, 교사나 학부모의 추억을 수업에 활용하는 것도 꽤 괜찮은 방법이라는 생각이 든다. 단순히 수업에 그치는 것이 아니라 수업 활동 결과물에 대하여 부모님과 이야기하기 등의 추가 과제를 제시하면 학생과 부모님 사이에 즐거운 이야기꽃이 피어날 계기를 제공할 수 있기 때문이다.

| 랜선 독서동아리 활동에서 학급문집까지

수업 형태	교과	학습 주제	학습 활동
과제 수행 실시간 쌍방향	동아리	독서동아리 활동하기	📖 책 읽기 🖥 독후 활동하기

인천시교육청 공모 사업과 창의적 체험 활동 중 동아리 활동을 병행해 독서동아리를 운영했다. 국어, 사회 과목과 연계해 세계 여러 나라의 속담과 그 속담들에 얽힌 이야기를 재미있게 풀어낸 책을 개별적으로 학생들에게 제공했다. 또한 진로 활동과 연계해 학생들의 장래희망과 관련된 책도 개별적으로 제공했다. 이렇게 제공한 책과 학생들이 개별적으로 구한 책들을 토대로 1년 동안 독서동아리 활동을 했다.

제일 먼저 학생들에게 과제로 책을 읽게 했다. 다음으로 줌에서 친구에게 읽은 책 추천하기, 내가 읽은 부분 요약해서 발표하기, 책을 읽고 떠오르는 느낌 그림으로 그리기, 책의 내용을 바탕으로 질문 만들기, 책의 내용과 비슷한 경험 이야기하기 등 다양한 독후 활동을 했다. 활동한 내용은 패들렛과 구글 드라이브에 독서록처럼 기록해두도록 했다.

그동안 매년 학생들과 학급문집을 제작했는데, 2020년에는 여러모로 문집을 제작하기가 어렵지 않을까 싶었다. 롤링페이퍼, 한 해의 추억, 자유 글짓기 등으로 구성된 문집을 제작하기에는 학생들 사이에 추억이 많이 부족하다는 생각이 들었기 때문이다. 그래서 그냥 포기할까도 했지만 1년간의 독서동아리 활동 덕분에 나름 의미 있는 학급문집의 기초 자료를 꽤 많이 수집할 수 있었다.

패들렛의 활동 결과는 PDF나 이미지 파일로 다운로드가 가능하다.

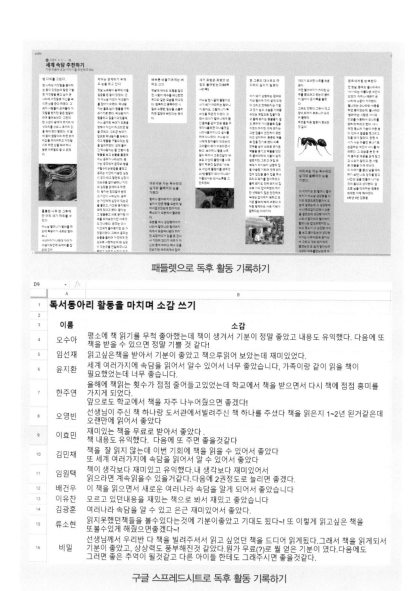

패들렛으로 독후 활동 기록하기

	A	B
1	**독서동아리 활동을 마치며 소감 쓰기**	
2		
3	**이름**	**소감**
4	오수아	평소에 책 읽기를 무척 좋아했는데 책이 생겨서 기분이 정말 좋았고 내용도 유익했다. 다음에 또 책을 받을 수 있으면 정말 기쁠 것 같다!
5	임선재	읽고싶은책을 받아서 기분이 좋았고 책으로읽어 보았는데 재미있었다.
6	윤지환	세계 여러가지에 속담을 읽어서 알수 있어서 너무 좋았습니다, 가족이랑 같이 읽을 책이 필요했었는데 너무 좋았습니다.
7	한주연	올해에 책읽는 횟수가 점점 줄어들고있었는데 학교에서 책을 받으면서 다시 책에 점점 흥미를 가지게 되었다. 앞으로 학교에서 책을 자주 나누어줬으면 좋겠다.
8	오영빈	선생님이 주신 책 하나랑 도서관에서빌려주신 책 하나를 주셨다 책을 읽은지 1~2년 된거같은데 오랜만에 읽어서 좋았다
9	이효민	재미있는 책을 무료로 받아서 좋았다 . 책 내용도 유익했다. 다음에 또 주면 좋을것같다
10	김민채	책을 잘 읽지 않는데 이번 기회에 책을 읽을 수 있어서 좋았다 또 세계 여러가지에 속담을 읽어서 알 수 있어서 좋았다
11	임원택	책이 생각보다 재미있고 유익했다.내 생각보다 재미있어서 읽으면 계속읽을수 있을거같다.다음에 2권정도로 늘리면 좋겠다.
12	배건우	이 책을 읽으면서 새로운 여러나라 속담을 알게 되어서 좋았습니다
13	이유잔	모르고 있던내용을 재밌는 책으로 봐서 재밌고 좋았습니다
14	김광훈	여러나라 속담을 알 수 있고 은근 재미있어서 좋았다.
15	류소현	읽지못했던책들을 볼수있다는것에 기분이좋았고 기대도 된다~! 또 이렇게 읽고싶은 책을 또볼수있게 해줬으면좋겠다~!
16	비밀	선생님께서 우리반 다 책을 빌려주셔서 읽고 싶었던 책을 드디어 읽게됬다.그래서 책을 읽게되서 기분이 좋았고, 상상력도 풍부해진것 같았다.뭔가 무료(?)로 뭘 얻은 기분이 였다.다음에도 그러면 좋은 추억이 될것같고 다른 아이들 한테도 그래주시면 좋을것같다.

구글 스프레드시트로 독후 활동 기록하기

1년간의 독서동아리 활동으로 진행된 독후 활동 결과를 PDF로 내려받아 학급문집의 원고로 활용했다. 독후 활동 결과뿐만 아니라 6학년의

추억도 함께 담기 위해 글짓기도 했다. 글짓기 할 때는 미리 준비해둔 글쓰기 양식을 제공했다. 초등학생의 경우 줄이나 칸이 없는 종이에 글을 쓸 경우 글씨가 위아래로 오르락내리락하기 때문이다. 원고에 제본 공간을 남기지 않아 학생이 쓴 글이 제본하다 잘리기도 한다. 따라서 제본을 위해 여백이 확보되거나 줄이 그려진 글짓기 양식을 미리 준비해서 제공하는 것이 도움이 된다.

연필을 사용하면 흐리게 복사되기 때문에 학생들에게 익숙지 않아도 볼펜을 사용하라고 했다. 문집 제작 시 워드 작업을 선호하는 교사들도 있지만, 나는 학생들의 손글씨를 남기고 싶어 이런 방식으로 문집을 제작했다.

덧붙여, 6학년을 포함한 고학년 학생 중에는 사진 찍기를 싫어하는

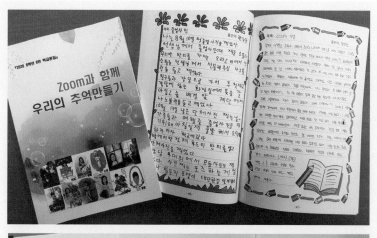

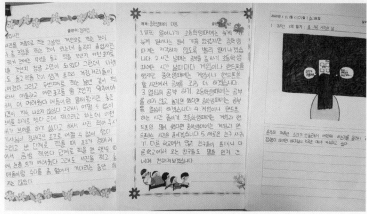

독서동아리 활동 결과를 토대로 작성한 원고와 학급문집

학생이 많다. 친구들에게 사진 공유하기를 매우 싫어하는 학생들도 있다. 그래도 세월이 흐르고, 학급문집을 보면서 추억을 떠올릴 학생들에게 친구들의 얼굴이 기억나게끔 사진을 넣어주고 싶었다. 이런 고민을 해결하기 위해 '모멘트캠'이라는 앱으로 학생들의 캐리커처를 제작해 표지에 활용했다. 사진이 아닌 캐리커처여서인지 학생들도 매우 만족스러워했다.

'모멘트캠'은 얼굴 사진의 눈, 코, 입 위치만 지정해주면 자동으로 캐리커처로 변환해주는 앱인데, 미술의 애니메이션 수업에도 유용하게 써먹을 수 있다. 이렇게 수집한 자료를 토대로 문집을 제작하고, 6학년 학생들에게 의미 있는 졸업선물을 해줄 수 있었다.

교실 전략 실시간 쌍방향 수업 사례

그동안 교실에서 활용한 다양한 학습 전략을 실시간 쌍방향 수업으로 구현하는 형태다. 실시간 쌍방향 수업을 기반으로 한 원격 수업에 익숙해진 상태에서 시도하기 좋은 수업 형태로 교사의 연구와 노력에 따라 모든 교과와 수업 활동에 적용 가능할 것으로 판단된다. 실시간 쌍방향 기반 수업 중 동료 교사들과 노하우 공유가 가장 중요한 형태이다.

다양한 교실 수업 전략을 구현하기 때문에 실시간 쌍방향 수업에 대한 학생들의 숙련도가 매우 중요하다. 또한 온라인의 특성상 모둠 활동시 교사가 모든 모둠의 활동을 동시에 관찰할 수 없어서 문제 발생의 가능성이 있다. 고로, 학생들의 원격 수업 예절도 매우 중요하다. 그런 의미에서 원격 수업에 대한 예절 교육은 필수다. 교실 전략 실시간 쌍방향 수업은 이러한 점을 감안해 강의식 수업에서 학생 중심 수업으로 발전시켜나가기를 추천한다.

▎하브루타를 담은 질문 만들기

수업 형태	교과	학습 주제	학습 활동
교실 전략 실시간 쌍방향	국어	질문 만드는 방법 알아보기	🖥 질문 만드는 방법 알아보기 🖥 육하원칙을 이용한 질문 만들기 🖥 질문 만들기를 활용한 게임하기

2015 교육과정으로 개정되면서 국어 교과서에 큰 변화가 생겼다. 차시마다 '질문 만들기' 활동이 포함된 것이다. 개인적으로 질문 만들기 활동은 사전 준비를 철저히 할 필요가 있다고 생각한다. 학생들에게 막연하게 질문을 만들어보라고 하면 쩔쩔매기만할 뿐더러, 설령 질문을 만든다고 해도 유의미하기 어렵기 때문이다. 과거 교사들의 발문을 위한 연수까지 있었던 것을 감안하면, 질문 만들기 활동을 위한 사전 수업은 굉장히 중요하다고 할 수 있을 것이다.

학생들이 국어 수업의 질문 만들기 활동을 원활히 수행하도록 질문에 대해 알아보는 수업을 총 6차시로 구성했다. 먼저 질문 만들기의 다양한 방법을 알아보고, 가장 간단한 육하원칙을 이용해 질문을 만들어보도록 했다. 다음은 책의 내용을 이해하고, 책에 드러나지 않은 내용으로 추측한 질문을 만들고, 답하는 활동을 게임과 접목시켜 실시했다. 이러한 질문 게임은 모둠별로 질문을 만들고, 대답하는 것으로 점수를 획득한다.

우리 반 아이들은 그림책을 소재로 질문 게임을 했다. 그림책은 짧은 시간 안에 전체적인 내용 파악이 가능하고, 어린이들을 대상으로 하다 보니 도덕 가치를 다루는 내용도 많다. 이 때문에 학생들이 서로

질문 게임에 활용한 그림책

① 학생들은 주어진 시간 동안 그림책을 읽습니다.
② 모둠 구성원은 개인당 최소 2개의 질문을 합니다. 이때 질문은 중요도에 따라
   ★부터 ★★★짜리 질문으로 구분합니다. 일반적으로 그림책에서 내용을 확인
   하는 단답형 문제는 ★, 내용을 확인하는 서술형 문제는 ★개, 그림책에서 내
   용을 확인할 수 없고 유추해야 하는 서술형 문제는 ★★★로 구분합니다. 질문
   을 만들 때는 그림책을 보지 않습니다.
③ 모둠별로 8개의 질문을 선정합니다.
④ 모둠원 중 1명은 상대 모둠으로 이동해 질문하고, 나머지 모둠원은 이동해온
   상대 모둠원이 낸 질문에 답합니다.
⑤ 정답을 맞힌 모둠은 문제의 ★ 개수만큼 점수를 획득하며, 틀리거나 답하지 못
   한 경우 질문을 한 모둠이 문제의 ★ 개수만큼 점수를 획득합니다.
⑥ 최종 ★을 가장 많이 획득한 모둠이 승리합니다.

다른 도덕 가치를 선택해야 하는 질문을 만들기도 하는데, 이런 질문들을 적절히 활용하면 흥미로운 토론 수업이 가능하다. 매우 훌륭한 수업 소재인 셈이다. 아래는 《까만 크레파스》를 읽고, 학생들이 떠올린 질문들이다.

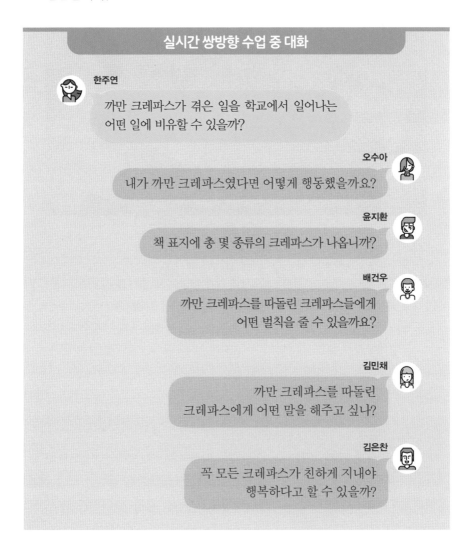

실시간 쌍방향 수업 중 대화

한주연
까만 크레파스가 겪은 일을 학교에서 일어나는 어떤 일에 비유할 수 있을까?

오수아
내가 까만 크레파스였다면 어떻게 행동했을까요?

윤지환
책 표지에 총 몇 종류의 크레파스가 나옵니까?

배건우
까만 크레파스를 따돌린 크레파스들에게 어떤 벌칙을 줄 수 있을까요?

김민채
까만 크레파스를 따돌린 크레파스에게 어떤 말을 해주고 싶나?

김은찬
꼭 모든 크레파스가 친하게 지내야 행복하다고 할 수 있을까?

마지막의 '모든 친구가 반드시 친하게 지내야 하는 걸까?' 같은 질문은 토론 수업으로도 연계가 가능하다.

질문 만들기를 어려워하는 학생들에게는 육하원칙을 이용해보라고 이야기했다. 그림책에서 찾아볼 수 있는 육하원칙 중 하나가 대답이 되도록 질문을 만들어보라고 한 것이다. 이렇게 육하원칙으로 질문을 만들다 보면, 질문 만들기를 막연하게 느끼던 학생들도 쉽게 접근한다. 질문 게임으로 단답형부터 생각을 필요로 하는 질문까지 만들고, 답변을 고민하면서 사고력도 함께 길렀다. 이 수업 중에 학생들의 질문 만들기 실력이 부쩍 자라났음을 느낄 수 있었다.

오늘날 초등학교 국어 수업에는 질문 만들기가 연계되어 단원마다 질문 만들기 활동이 등장한다. 학년 초 몇 차례 이런 수업을 반복함으로써 학생들도 질문 만들기 과정에 익숙해지도록 하자. 원활한 국어 수업을 위해 질문 만들기 수업은 이제 선택이 아닌 필수다.

플립러닝 및 협력학습으로 학급신문 만들기

수업 형태	교과	학습 주제	학습 활동
교실 전략 실시간 쌍방향	국어	추억을 담은 학급신문 만들기	🎬 신문기사 쓰는 법 알아보기(수업 전) 🖥 1학기 추억 이야기하기 🖥 함께 만드는 학급신문 제작하기

6학년 1학기 〈국어〉 '마음을 나누는 글을 써요' 단원의 학급신문 만들기 수업을 진행했다. 본격적인 수업 전, 영상 콘텐츠로 학생들이 미리 신문기사 쓰는 법을 학습하도록 했다. 그다음 줌에 접속한 학생들과

함께한 추억을 담아 만든 패들렛 학급신문

함께 1학기 추억에 대해 이야기를 나누는 시간을 가졌다.

코로나19 상황으로 운동회, 현장학습 등 2019년까지 매년 학급 학생들과 함께하던 체험 위주의 학급 특색 활동은 진행하지 못했지만 한 학기를 돌아보니 나름대로 여러 추억이 쌓여 있음을 알 수 있었다. 학년 초 코로나19 때문에 등교하지 못하는 상황에서 줌에서 만나 인사를 나누고 랜선 교실 나들이를 한 일, 사회 수업과 연계해 인천시교육청에서 주관하는 광장토론회에 정책을 제안해 우리 반 친구가 인천 초등학생들을 대표해 현장 패널로 참석한 일, 졸업앨범 사진을 촬영한 일 등. 학생들은 1년간의 추억을 되돌아보고, 남은 기간 더 많은 추억을 쌓자고 다짐했다.

이렇게 이야기하며 되새긴 1학기 추억 중 각각 하나씩 골라 신문기사의 초안을 작성했다. 이어서 패들렛에 기사를 적고 에피소드와 어울리는 이미지 파일을 추가했다. 학생 한 명이 한 편씩 작성한 신문기사는 패들렛에 모여 학급의 추억이 담긴 학급신문으로 만들어졌다.

NIE수업 및 찬반토론, 보호무역주의란?

수업 형태	교과	학습 주제	학습 활동
교실 전략 실시간 쌍방향	사회	다른 나라와 무역을 하면서 생기는 문제점과 해결 방안 알아보기	🖥 세계 무역 환경의 변화 알아보기 🖥 보호무역주의 찬반토론하기

6학년 1학기 〈사회〉 '우리나라의 경제 발전'은 다른 나라와 무역하면서 생기는 문제점과 해결 방안을 알아보는 단원이다. 2020년에는 코로나 때문에 벌어진 경제 위기 뉴스, 우리나라 수출품에 대한 미국의 관세 검토 등에 관해 뉴스를 검색하고, 직접 찾은 뉴스를 토대로 학생들이 스스로 보호무역주의 개념을 이해하도록 했다. 그다음에 보호무역주의에 찬성하는 입장과 반대하는 입장을 나눠, 줌 소회의실에서 입장별 토의를 했다. 이후 전체 토론하는 흐름으로 수업을 이끌어나갔다.

주제별 토론 수업을 할 때 주의할 점은 찬성과 반대의 어느 한쪽 입장에 치우치지 않는 사전 자료를 제시해야 한다는 점이다. 학생들이 검색한 뉴스는 우리나라 수출품에 대한 미국의 관세 검토, 우리나라 수출품에 대한 다른 나라의 수입 거부 등이 주를 이루다 보니 대부분 보호무역주의에 반대했다.

이렇게 학생들 의견이 한쪽으로 치우치면 토론도 어려워지고, 무엇보다 오개념이 심어질 수 있다. 학생들이 주로 뉴스 검색으로 정보를 얻는다면 교사가 추가 자료를 준비하는 것이 좋다. 나는 쌀 수입과 우리나라 농가에 대한 뉴스를 추가 자료로 제시해 보호무역주의에 대한 다른 시각을 알게 했다.

요즘에는 학교 장비도 좋아졌고 교실별로 와이파이망과 태블릿이 구비되어 인터넷 뉴스 등 자료 검색이 쉬워졌다. 이와 함께 NIE수업도 과거에 비해 훨씬 수월해졌지만, 모든 학교 및 각 교실에서 다양한 장비를 모두 활용하기는 솔직히 어려운 부분이 있다. 그렇기 때문에 NIE수업은 교실 전략 실시간 쌍방향 수업으로, 가정에서 수업할 때 오히려 빛을 발휘할 수 있다고 생각한다. 원격 수업에 도전해보고 싶은 학급이 있다면 실시간 쌍방향 기반의 NIE수업을 강력하게 추천한다.

▎학생 참여형 강의식 수업, ㎥ 알아보기

수업 형태	교과	학습 주제	학습 활동
교실 전략 실시간 쌍방향	수학	㎥ 알아보기	🖥 1㎥ 알아보기 🖥 우리 집 방의 부피 구하기 🖥 1㎥와 1㎤의 관계 알아보기

6학년 1학기 〈수학〉 '직육면체의 부피와 넓이' 단원은 각자의 방의 부피를 ㎤로 나타내보는 활동으로 ㎤보다 큰 단위의 필요성을 인식하고, 이로써 1㎥의 개념을 알아보는 수업이다. 이 수업은 학생들 각자 방의 부피를 ㎤와 ㎥로 표현하고 이를 토대로 ㎤와 ㎥의 관계를 알아보도록 구상했다. 학습한 내용을 확인하고 정리하는 단계에서는 학생들이 줌의 주석 기능으로 직접 문제를 해결(검정 글씨)하고 교사가 피드백(빨간 글씨)하는 형식으로 수업을 이끌었다. 교사의 일방적인 문제풀이가 아니라 학생들의 풀이를 확인하고, 그 풀이에서 발견되는 오류를 수정하며 설명하는 형태로 학생의 학업 성취를 간단히 확인할 수 있었다.

원격 수업을 시작하면서 가장 고민되는 과목이 수학이었다. 뉴스에서 심심치 않게 접하는 학생들의 학력 저하 문제, 그중에서도 수학은 안 그래도 상황이 심각한데 원격 수업이 시작되면서 더욱 심각해졌다고 생각한다. 줌을 처음 수업에 도입할 때도 수학만큼은 꼭 실시간 쌍방향 수업으로 진행하자는 각오와 목표가 있었다.

교과서 PDF와 줌의 주석 기능을 활용하면 학생이 직접 문제를 해결하고 교사가 피드백 하는 수학 수업이 간단히 실현된다. 다른 형태의 실시간 쌍방향 수업과 비교할 때, 교실 전략 실시간 쌍방향 수학 수업은 학생들의 궁금증이나 오류에 즉각 피드백 할 수 있다는 무시할 수 없는 강점이 있다.

한 가지 아쉬운 점이 있다면, 수학 교구를 이용한 원리 탐구 학습이 100퍼센트 만족스럽지 못했다는 것이다. 학교에 수업에 필요한 교구를 학생별로 대여해줄 만큼 많은 교구가 없기 때문이다. 이러한 상황을 극복할 수 있게 수학 원리를 탐구하는 조작 활동이 가능한 앱이 많이 개발되면 좋겠다. 이런 앱이 개발된다면 평소 수업 시간에도 구체물 대신 많이 활용될 것이라 생각한다.

확인 문제에 대한 학생의 풀이

학생 풀이에 대한 교사 피드백

│ 수학 단원 마무리하기

수업 형태	교과	학습 주제	학습 활동
교실 전략 실시간 쌍방향	수학	공부를 잘했는지 알아보기	🖥️ 얼마나 알고 있나요 🖥️ 단원평가

1년 동안 수학 수업의 단원 마무리 활동을 대부분 교실 전략 실시간 쌍방향 수업으로 진행했다. 학생들의 성취수준을 파악하고, 성취수준이 낮은 학생들을 대상으로 보충 지도를 하기 위해 줌과 문자로 단원평가를 병행했다.

교과서의 '얼마나 알고 있나요'로 단원에서 학습 내용을 복습했다. 단원 난이도에 따라 개별 풀이 또는 모둠별 토의 풀이를 병행했다. 단원 복습이 끝나면 문제별 풀이 시간을 1, 2분 정도로 정하고 실시간으로 단원평가 문제를 제시했다. 단원평가에 제시할 문제는 미리 만들어둔 다음 줌의 화면 공유 기능으로 보여주거나, 아니면 화이트보드 기능으로 직접 적어서 제시했다. 한 문제씩 보이는 영어 듣기평가라고 생각하면 쉽게 이해할 수 있을 것이다.

나는 화이트보드 기능을 활용해 2분 단위로 한 문제씩 제시하는 형태를 주로 활용했다. 준비한 문제를 단순히 제시하는 것보다, 한 문제씩 적으면서 함께 설명하는 것이 효과적이리라는 판단에서 선택한 방법이다. 마지막 문제에는 담임교사의 휴대폰 번호를 함께 제공해 풀이가 끝난 학생들이 시험지를 촬영해 문자로 사진을 전송하는 방식으로 단원을 마무리했다.

수학 단원평가 등은 자칫 평가에 공정성 문제가 발생할 위험이 있어 다른 과제들처럼 수업 플랫폼에 제출하도록 하기가 어렵다. 이에 실시간으로 평가지 문자를 전송하게 했는데, 탁월한 선택이었다. 학생들이 제출한 평가지를 빠른 속도로 살펴보고, 많은 학생이 오류를 범한 문제

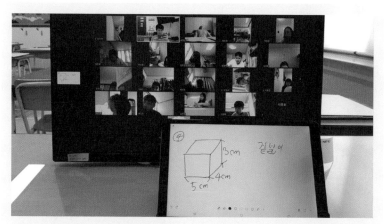

화이트보드에 한 문제씩 문제를 적어서 학생들에게 평가문항 제시하기

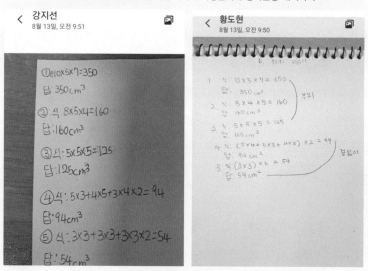

문자로 평가지 제출하기

는 함께 생각하는 시간을 가질 수도 있었기 때문이다. 이런 방식의 수업으로 학생들의 학력 저하, 특히 수학 능력 저하를 조금이나마 방지했다고 자부한다. 비록 학생들이 수학을 좋아하게 만드는 것에는 실패했지만 말이다.

| 실시간 쌍방향 수업으로 태권도 품새 배우기

수업 형태	교과	학습 주제	학습 활동
교실 전략 실시간 쌍방향	체육	품새 익히기	💻 태극 1장 익히기 💻 태극 1장 연습하기

체육은 많은 교사가 어떻게 원격 수업을 해야 할지 고민하는 교과 중 하나일 것이다. 체육 수업은 집 안에서 하기 어렵다는 인식 때문에 주로 이론 수업만 하거나, 영상 시청 후 개별적으로 공원이나 놀이터 등 외부에서 복습하는 형태로 많이 진행된다. 이런 형태의 수업은 학생들이 기대하는 체육과는 많이 다를 것이다.

학생들이 조금이나마 즐겁게 수업에 참여할 수 있도록, 체육 주제 중 가정에서 실시간으로 함께 참여할 수 있는 수업이 무엇일까 고민했다. 영상 제공만으로 6학년 체육의 성취기준을 이루기 어렵다고 판단돼 주제를 고심했다. 고심 끝에 6학년 〈체육〉 '도전활동_투기' 단원에서 실시간 쌍방향 수업으로 학생들에게 태권도 품새를 가르쳤다. 홈 트레이닝이 유행하면서 가정에서도 유튜브 영상을 보며 운동하는 사람이 부쩍 늘어났는데, 여기에서도 아이디어를 얻었다.

태권도의 경우, 접해본 경험이 아예 없는 친구들은 영상 콘텐츠만으

태극 1장 익히기

로 품새 익히기를 어려워했다. 과거에도 품새 익히기 수업을 해보면, 교사의 시범을 보면서 동작은 따라 해도 방향을 혼동하는 학생이 많았다. 이번 수업 역시 어느 방향으로 회전해야 하는지, 어떤 발을 앞으로 두고 어떤 주먹으로 지르기를 해야 하는지 전혀 갈피를 잡지 못하는 친구들이 상당히 많았다.

줌으로 학생들의 모습을 하나하나 관찰하고, 동작 익히기를 어려워하는 학생들에게는 즉시 피드백을 제공했다. 교사의 시범과 설명이 이해되지 않은 학생들은 "어느 쪽으로 발차기 해요?", "선생님이랑 주먹이 다른데요?" 등의 질문과 함께 동작을 익혀나갔다.

실시간 쌍방향 수업으로 태극 1장을 배우면서, 집에서 각자 태권도를 배우는 것이 신선한 경험이라는 친구들이 꽤 많았다. 큰 기대는 없이 시작했는데, 나름 만족스러운 결과였다. 이번 수업의 성공을 발판 삼아 홈트레이닝 준비 운동을 구성해 교실 전략 실시간 쌍방향 수업으로 진행해야겠다는 목표에 불타올랐다!

| 랜선 핼러윈 파티

수업 형태	교과	학습 주제	학습 활동
교실 전략 실시간 쌍방향	자율	랜선 핼러윈파티 참여하기	🖥 넌센스 퀴즈 참여하기 🖥 ASMR 퀴즈 참여하기

언택트 문화에 따라 랜선으로 즐기는 회식이 뉴스에 나온 적이 있는데, 여기에서 착안해 자율 활동 시간에 랜선 핼러윈 파티를 했다. 교사와 학생, 학생과 학생 사이의 래포를 형성하고 추억을 쌓아주기 위한 차원의 친교 활동이었다.

등교하는 날 미리 준비한 간식을 나눠줬으며, ASMR로 어떤 과자를 먹었는지 맞히는 게임을 위해 동일한 네 종류의 과자들을 제공했다. 넌센스 퀴즈와 몸으로 말해요 퀴즈, ASMR 퀴즈를 통해 편안하고 친밀한 분위기가 조성되도록 수업을 구상했다. 이때 함께 취할 포즈를 정하고 스크린샷으로 단체 사진을 찍었다. 방역 등의 문제로 만나서 사진을 찍을 수 없는 환경에서도 졸업앨범이나 학급문집에 사용할 단체 사진을 얻을 수 있다.

과자를 학교에서 제공해주기 어렵다면 학생들에게 개별적으로 준비하도록 해도 괜찮다. 이런 상황에서 ASMR을 통한 과자 맞히기 활동을 하고 싶다면 준비할 과자를 몇 가지 종류로 정해주면 된다. 랜선 파티에서 진행할 활동에 대해 토의 수업을 하면, 학생 참여 행사로써의 의미를 가질 뿐만 아니라 실시간 쌍방향 수업에서 토의 수업을 연습하는 좋은 주제도 될 수 있다.

학기 초 랜선 과자 파티, 랜선 핼러윈 파티, 랜선 크리스마스 파티,

랜선 핼러윈 파티의 학생 분장 　　　귀신 포즈로 단체 사진 촬영하기

총 세 번에 걸쳐 진행한 랜선 파티는 1년 동안 학생들이 가장 즐거워한 수업이었다. 그럴 수밖에 없는 것이, 친구들과 신체 활동도 체험 학습도 경험하지 못하고 1년을 보내야 했으니 랜선으로나마 함께한 파티가 학생들에게 그나마 가장 신나는 일이지 않았나 싶다.

　예년 같았으면 파자마 파티, 1박 2일 캠프, 체험 학습 등 다양하게 활동했을 텐데, 2020년은 교사에게도 여러모로 아쉬운 1년이었다. 이런 아쉬움이 남는 교사들에게 랜선 파티 진행을 추천한다. 반 친구들과 드레스 코드까지 맞추면 랜선 파티에서 래포도 쌓고, 굉장히 재미난 시간을 보낼 수 있다.

┃ 새로운 세상, 온(on)택트 졸업식

수업 형태	교과	학습 주제	학습 활동
교실 전략 실시간 쌍방향	자율	졸업식 참여하기	💻 추억의 장소 탐방하기 💻 의식행사 참여하기

그 림 일 기　　　　　　　　2020년 0월 0일 0요일　　날씨 : 언제나 맑음

Fine

학교생활 영상 시청

　　코로나19 상황이 심각해짐에 따라 졸업식을 비대면으로 진행해야 했다. 국민의례, 졸업장 수여, 교장 선생님 축사 등 일반적인 졸업식 행사와 함께 6년 동안 학교생활을 담은 영상을 시청했다. 코로나19 때문에 외부 행사가 대다수 취소되었던 터라 예년과 다르게 학생들의 학교생활 사진이나 영상을 확보하는 데 어려움이 있었다. 다행히도 과거 5년 동안의 졸업앨범과 학교 홈페이지 등을 통해 1학년부터 5학년까지 학생들의 학교생활 모습이 담긴 사진을 구할 수 있었다. 이렇게 구한 사진에 더해 한 해 동안 줌과 교실에서 생활하는 모습을 틈틈이 찍어둔 사진을 바탕으로 학생들의 6년간 학교생활을 담은 영상을 제작했다.

　　가족과 친지, 교사들의 축하 속에서 졸업식을 할 수 없게 된 학생들의 아쉬움을 달랠 방법도 고민했다. 특히 초등학생으로 마침표를 찍는 날에 학교에 오지 못하는 아쉬움을 달랠 방법을 고민했다. 이에 따라 학생들이 6년 동안 추억을 쌓은 학교의 여러 장소를 살펴볼 수 있게끔

줌의 가상배경 기능으로 추억의 장소 탐방하기

준비했다. 졸업식에 앞서 학교의 여러 장소의 사진을 찍어두고, 가상배경을 바꿔가며 학생들과 이야기를 나눈 것이다.

비록 추억이 얽힌 장소에서 친구 또는 가족과 함께 사진 찍으며 추억을 되새길 수는 없었지만 줌의 가상배경 기능을 활용하여 학교의 여러 곳을 돌아볼 수 있었다. 학생들이 가장 좋아한 곳은 강당과 운동장이었다. 어학실 배경이 나오자 영어를 싫어하는 몇몇 학생이 인상을 찡그리기도 했다. 다양한 장소를 돌아보며 각 장소의 추억에 대해 이야기를 나눴다.

본래 학생들에게 미리 학교의 여러 장소 사진을 제공하고, 모두 함께 추억의 장소로 가상배경을 설정해보고 싶었지만, 학생들의 스마트기기 중 일부가 가상배경 기능을 사용할 수 없다는 문제가 있었다. 이에 교사가 대표로 여러 장소를 탐방하는 식으로 마지막 수업을 진행했다. 좋아하는 장소가 같은 학생끼리 배경을 바꾸고 모둠 사진을 찍거나 학급 전체가 함께 다양한 장소로 배경을 바꾸어가며 사진을 남기지 못해 아쉬움이 남는다. 빨리 코로나19가 종식되고, 학생들이 학교에서 마음껏 뛰어놀며 추억을 쌓을 수 있는 날이 오면 좋겠다.

복합적 블렌디드 실시간 쌍방향 수업 사례

코로나19로 인해 원격 수업이 실시되면서 단원 전체 또는 주제 중심의 프로젝트 학습을 블렌디드 러닝으로 재구성하는 일이 가능해졌다. 단원 전체 또는 주제 중심의 프로젝트 학습을 블렌디드로 재구성할 경우, 모든 차시를 같은 형태로 수업하는 것은 좋은 방법은 아니다. 같은 단원, 주제에 관한 수업이라 할지라도 수업 내용이나 활동에 따라 수업 전략은 얼마든지 다양하게 활용될 수 있다. 따라서 하나의 단원이나 주제에 대한 교육과정을 재구성할 때 앞에서 제시한 세 가지 형태의 실시간 쌍방향 중심 수업이 복합적으로 사용될 수 있다.

교실 수업과 이제까지 제시된 세 가지 형태의 블렌디드 러닝이 연계되면 더욱 뛰어난 학습 효과를 발휘할 수 있다. 때로는 교실 수업과 실시간 쌍방향 중심 수업을, 세 가지 블렌디드 러닝 모델을 융합할 필요도 있다. 지금부터 틀에 얽매이지 않고 다양한 수업 형태를 유기적으로 혼합해 교육과정에 활용한 사례를 소개하겠다.

| 비유하는 표현을 살려 시 쓰기

수업 형태	교과	학습 주제	학습 활동
콘텐츠 활용 실시간 쌍방향		비유하는 표현 알아보기	🖥 비유하는 표현 알아보기 📽 비유하는 표현을 생각하며 시 읽기
콘텐츠 활용 실시간 쌍방향	국어	비유하는 표현을 살려 시 쓰기	🖥 비유하는 표현 확인하기 📽 비유하는 표현을 살려 시 쓰기
교실 전략 실시간 쌍방향		낭송회와 시화전 열기	🖥 랜선 낭송회 열기 🖥 랜선 시화전 열기

6학년 1학기 '비유하는 표현' 단원은 총 7차시로 재구성했는데, 차시
별로 수업 형태를 달리했다.

1차시부터 4차시까지는 콘텐츠 활용 실시간 쌍방향 수업으로 비유하
는 표현에 대해 알아봤다. 비유하는 표현을 알아본 콘텐츠는 마침 학생
들에게 한창 인기였던 예능 프로그램 〈놀면 뭐하니?〉에 등장한 유산슬
의 〈사랑의 재개발〉이라는 노래와 드라마 〈도깨비〉에 자주 등장한 시
〈사랑의 물리학〉이었다. 인천광역시 수업개선 선도교사로 활동하면서
촬영한 수업 콘텐츠가 있어 편집 고민 없이 재미있는 패러디 영상을 많
이 활용할 수 있었고, 학생들의 반응도 상당히 뜨거웠다!

5, 6차시 역시 콘텐츠 활용 실시간 쌍방향 수업으로 비유하는 표현으
로 시를 쓰고, 각자 그에 어울리는 그림을 그렸다. 막연히 시를 쓰라고
만 하면, 학생들이 막막해하니 비유하는 표현을 쉽게 찾을 수 있는 시를
예시 자료로 제공할 필요가 있다. 본격적인 창작에 앞서 시로 비유하는
표현을 찾아보고, 이를 다른 비유하는 표현으로 바꾸는 활동을 해보는
것이다.

이어서 주어진 시의 대상을 평소 좋아하는 대상으로 바꿔 쓰는 활동까지 했다. 이렇게 두 가지 활동으로 시 쓰는 방법을 익힌 후 비유하는 표현을 살려 '내가 표현하고 싶은 대상'에 대한 시를 쓰도록 했다. 시를 완성한 다음에는 '내가 표현하고 싶은 대상', '그 대상을 비유한 표현', '시의 분위기' 등이 잘 드러나는 그림을 그리게끔 했다.

7차시에는 학생들이 쓰고 그린 시와 시화를 바탕으로 다음에 이어지는 수업에서 랜선 낭송회와 시화전을 실시했다. 학생들의 작품을 미리 클래스팅에 올려둔 뒤, 줌의 화면 공유 기능으로 함께 작품을 감상하면서 학생들의 낭송을 들었다.

고학년이 될수록 발표를 쑥스러워하거나 꺼리는 경향이 있다. 상황에 따른 차이는 있겠지만 줌에서 랜선 낭송회를 진행했을 때, 내성적인 학생들도 교실에서보다 편안하게 발표하는 모습을 볼 수 있었다. 학생들은 다른 친구들의 시선이 느껴지지 않아 부담이 적다고 이야기했다. 이 수업을 계기로 실시간 쌍방향 기반 블렌디드 수업의 순기능과 가능성을 발견할 수 있었다.

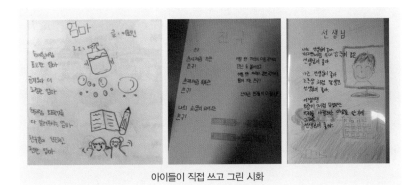

아이들이 직접 쓰고 그린 시화

[수업 영상] 비유하는
표현 살펴보기

[수업 영상] 비유하는
표현을 생각하며 시 읽기

[수업 영상] 비유하는
표현을 살려 시 쓰기

▌ 비유하는 표현을 살려 시 쓰기

수업 형태	교과	학습 주제	학습 활동
과제 수행 실시간 쌍방향	미술	광고 만들기	🖥 광고의 표현 알아보기 📱 내가 알리고 싶은 내용 광고로 표현하기
교실 전략 실시간 쌍방향	국어	광고의 표현 적절성 살펴보기	🖥 광고의 표현 알아보기 🖥 우리가 만든 광고 판단하기

6학년 2학기 〈국어〉 '정보와 표현 판단하기' 단원에서 광고의 표현을 알아보고, 광고에 나타난 표현의 적절성을 재미있게 살펴보기 위해 미술과 연계해 수업을 구상했다. 먼저 미술 수업 시간에 광고 표현의 특징을 미리 살펴봤다. 줌에서 전체 활동으로 교과서 PDF를 보며 광고의 표현을 알아보고, 학생들이 각자 광고하고 싶은 대상을 광고지로 표현하도록 했다.

그다음 국어 시간 교과서에 제시된 자료로 광고 표현의 특징을 되짚어보고, 학생들이 직접 제작한 광고지들로 광고 표현의 적절성을 판단하는 활동으로 학습 내용을 확인했다. 줌 소회의실에 모둠별로 모여 광고 표현의 특징이 잘 나타난 부분과 과장된 표현 및 숨기고 싶은 내용을 찾았다. 또한 광고의 잘못된 표현을 어떻게 고치면 좋을지 고민해서 패들렛에 기록했다.

모둠별 토의를 통한 광고 표현의 적절성 확인하기

직접 만든 광고지로 수업하니 주어진 광고로 수업할 때보다 학생들이 상당히 흥미로워했다. 이 광고지들에는 의도적으로 녹여낸, 광고의 특징에서 발견한 다양한 과장과 숨겨진 내용이 담겨 있었다. 광고 아이템도 일상품이 아니라 '토르의 망치'나 '이근 대위의 선글라스'처럼 인기 영화나 유튜브에 나온 것들이었다. 학생들은 관련 제품의 특징을 기발한 아이디어로 설명해 수업을 더욱 풍성하게 만들었다. 정형화된 광고지가 아닌 덕분에 오히려 광고 표현의 적절성을 재미있고, 효과적으로 공부할 수 있었다.

이번 수업을 인천시교육청 선도교사 공개 수업으로 활용하기 위해 수업 후 학생들을 인터뷰했다. 이 인터뷰에서 나는 다른 원격 수업 방식과 실시간 쌍방향 수업과의 차이점이 무엇이라고 생각하느냐고 물었다. 그랬더니 이런 대답이 돌아왔다.

"실시간 수업에서는 궁금한 걸 그 자리에서 바로 물어봐서 해결할 수 있고, 클래스팅으로 하는 원격 수업보다 기억에 오랫동안 더 잘 남아 있는 것 같아요. 그래서 좋아요."

이 대답을 듣고 그동안의 노력이 헛되지 않았음을 느낄 수 있었다.

| 우리 학교 문제 민주적으로 해결하기

수업 형태	교과	학습 주제	학습 활동
과제 수행 실시간 쌍방향	사회	우리 학교 문제 민주적으로 해결하기	💻 우리 학교의 운동장 사용법에 대해 이야기 나누기 🔲🔲 운동장 사용법 의견 내세우기
교실 전략 실시간 쌍방향			💻 효과적인 운동장 사용법 정하기

초등학생에게 학교생활에서 가장 민감한 사항은 두말할 필요없이 점심시간 운동장 사용 문제일 것이다. 초등학교에서는 더 이상 거칠 것이 없는 6학년에게도 마찬가지다. 이에 사회 시간에 운동장 사용 문제에 대해 토의하고, 우리 학급의 의견을 모았다. 학생들의 의견은 크게 '학년별로 요일을 나눠야 한다'와 '그런 구분 없이 운동장을 사용하자'로 나뉘었다.

앞에서도 말했지만, 점심시간 운동장 사용 문제는 초등학생의 학교생활 중 가장 민감한 사항이다. 그래서인지 학생들은 수업에 적극적으로 참여했다. 주장을 뒷받침하는 의견도 구체적으로 제시했다. '학년별로 요일을 나눠야 한다'고 주장하는 학생들도, '그런 구분 없이 운동장을 사용하자'는 학생들도 생생한 근거를 제시했다.

과제를 토대로 한 토의에서는 현재 운동장 사용 방법처럼 요일별로 운동장 사용 가능 학년을 정하고, 해당 학년만 운동장을 사용하는 방법이 선택됐다. 추가로 정해진 요일을 지키지 않는 학년에게는 일주일간 운동장 사용을 금지하자는 의견도 나왔다. 이 역시 학생들의 지지를 받아 규칙으로 정해졌다.

이정석

내가 생각하는 민주적인 운동장 사용 방법에 대해 이야기해봅시다.

오영빈
저는 저희 운동장 규칙에 반대합니다. 장점도 있지만 자유롭게 사용하지 못하기 때문입니다.

배건우
우리 학교 규칙의 장점은 일주일에 모든 학년이 운동장을 사용할 수 있는 것이고, 단점은 이 규칙을 어기는 아이들 때문에 서로 싸울 수 있는 것인데 나는 이 규칙에 찬성한다.

김민채
지금 운동장 사용 방법은 좋다고 생각한다. 한꺼번에 운동장을 쓰면 너무 많다. 그래서 지금 방법이 좋다. 다만 가끔씩 나오는 날이 아닌데 나오는 애들이 있다. 그걸 좀 더 철저하게 나가지 말라고 해서 나가는 날만 나갔으면 좋겠다.

강지선
저는 지금 운동장 사용 방법이 좋은 것 같습니다. 다만 사람들이 계속 들어가라고 해도 안 들어가는 것에는 조금 더 주의를 줘야 된다고 생각합니다.

하태경
저는 지금 운동장 사용 방법이 좋다고 생각합니다. 하지만 운동장을 지나가는 학생들이 있을 땐 잠시 활동을 멈추고, 또 다른 학년이 운동장을 이용하는 날은 사용하지 않도록 주의합시다.

임원택
전 놀이를 하는 구역이 부적절하다고 생각합니다. 놀이대로 충분한 구역을 나눠서 서로를 배려하면서 놀면 일주일 모두 운동장 이용이 가능하다고 생각합니다.

윤지환

저는 지금 운동장 사용 방법이 좋다고 생각합니다. 다만 친구들 혹은 선생님들이 지나갈 때는 잠시 활동을 멈추고 다 지나가면 다시 활동을 해야 한다고 생각합니다.

이동훈

저는 저희 운동장 규칙에 찬성하지만 5학년 때 우리 시간인데 6학년 형이 들어와서 크게 싸운 적이 있어서, 그 점만 고치면 좋겠습니다.

황도현

저는 저희 운동장 규칙에 찬성합니다. 학년별로 요일마다 나오면 싸울 일도 없고 서로 사이좋게 놀 수 있기 때문입니다

한주연

저는 지금의 운동장 사용 방법이 좋다고 생각합니다. 하지만 다른 사람이 지나갈 때에는 잠시 하던 일을 멈추고, 그 사람이 지나가면 그때 다시 이어서 놀았으면 좋겠습니다. 또 다른 학년이 운동장을 쓰는 날에 나가는 학생은 '일주일 동안 운동장 사용 금지'처럼 약간의 별을 주어 다시는 다른 학년이 사용하는 날 나가지 못하게 하는 것이 좋을 것 같다고 생각합니다.

한승준

저는 우리 학교 운동장 규칙에 반대합니다. 저는 여러 사람들이 서로 조금씩 배려해서 사이좋게 운동장을 사용하면 좋겠습니다.

김은찬

저는 찬성합니다. 요일마다 학년별로 나오니 싸우지 않게 됩니다. 일주일 동안 조금씩만 놀게 된다는 단점이 있지만 장점이 더 많기 때문에 큰 상관은 없을 것 같습니다.

류소현

저는 우리 학교 운동장 규칙에 대해 반대합니다. 5학년 때 5학년이 운동장을 쓰는 날이라 나갔는데 운동장을 쓰는 날이 아닌 1, 2, 3학년들이 놀고 있는 모습을 보았습니다. 계속 그러면 선생님이 1, 2, 3학년한테 다시 한 번 이야기해주고 그래야 하는데 1, 2, 3학년, 특히 1, 2학년이 어리다 보니 운동장을 매일 사용합니다. 그래서 반대합니다.

학생들은 자신과 밀접한 문제에 대하여 의견을 나누고, 서로 반박하며 설득하는 과정을 통해 민주적인 문제 해결 방법을 학습했다. 안타까운 점은 이렇게 열띤 토의 끝에 정해진 운동장 사용 방법을 현실에 적용할 기회가 없었다는 것이다. 코로나19 감염 예방 차원에서 2020학년도에는 단 하루도 학생들이 점심시간에 운동장에서 뛰어놀지 못했기 때문이다.

┃ 전문가집단 활동, 세계 여러 나라 알아보기

수업 형태	교과	학습 주제	학습 활동
과제 수행 실시간 쌍방향	사회	세계 여러 나라 조사하기	💻 세계 여러 나라 조사 시 주의사항 확인하기 🔖 세계 여러 나라 조사하기
교실전략 실시간 쌍방향		세계 여러 나라의 문화 알아보기	💻 세계 여러 나라 이해 여권 활동 💻 여권 활동 결과 나누기

6학년 2학기 〈사회〉 '세계 여러 나라의 자연과 문화' 단원은 세계 여러 나라의 기후, 환경, 문화를 좀 더 재미있게 알아보기 위해 '여권' 활동으로 준비했다.

1, 2차시에 과제 수행 실시간 쌍방향 수업으로 학생들이 직접 관심 있는 나라를 선택하고 조사하도록 했다. 조사 내용에는 나라가 속한 대륙, 근처의 대양, 위도와 경도, 기후, 환경을 비롯한 생활 모습이 포함되도록 했다.

3차시부터 8차시까지는 동안 학생들은 직접 조사한 내용을 바탕으

자동 배치를 통한 전문가집단 활동

세계 여러 나라 이해 여권

로 전문가집단 활동을 했다. 줌 소회의실의 자동 배치 기능을 활용해 10분 간격으로 네 명씩 랜덤 모둠을 구성하고, 모둠원들이 돌아가면서 자신이 조사한 내용을 설명하게끔 했다. 그다음 설명을 들은 모둠의 다른 친구들이 잘 이해했는지까지 확인하도록 했다. 설명한 내용을 확인하는 과정에서 친구가 얼마나 이해했는지에 따라 A부터 C까지 점수를 부여해 학생들끼리 상호평가가 가능하게 만들었다. 마무리 활동으로는 여권 활동으로 깨달은 점과 느낀 점을 모두 공유했다.

교실에서 자유롭게 돌아다니며 조사한 나라를 설명하고, 친구가 조사한 나라에 대해 설명을 들었다면 더욱 역동적으로 수업할 수 있었을 텐데 싶어 다소 아쉬운 마음이 들었다. 그래도 줌의 자동 배치 기능 덕분에 여러 친구가 골고루 섞여서 활동할 수 있었다는 점을 그나마 위안으로 삼았다.

교실 수업이 가능하다면 조사한 나라별로 출입국사무소 도장 이미지를 스티커로 제공하는 것도 수업의 재미를 높이는 방법이다. 상호평가 시 학생들끼리 출입국사무소 도장 스티커를 붙여주고 점수를 기록하면 그럴싸한 여권이 완성되기 때문이다.

내년에는 학생들이 교실에서 역동적으로 수업할 수 있기를 바라며 올해 미리 만들어둔 여권 활동용 출입국사무소 도장 스티커를 잘 보관해야겠다!

| 실기 수업의 끝판왕! 음식 만들기!

수업 형태	교과	학습 주제	학습 활동
과제 수행 실시간 쌍방향	실과	요리 계획서 작성하기	🖥 안전하고 위생적인 식생활 알아보기 ▦▦ 요리 계획서 작성하기
교실전략 실시간 쌍방향		요리왕 선발 대회 (예선전)	🖥 음식 만들기 🖥 내가 만든 음식으로 인생샷 찍기 ▦▦ 요리왕 투표하기
		한 그릇 음식 만들기	🖥 모둠별 요리 배우기 🖥 모둠별 요리 사진 촬영하기

6학년 〈실과〉 '가정생활과 안전' 단원에서 학생들이 좋아하는 수업으로 손꼽히는 '음식 만들기'를 했다. 지금부터 설명할 음식 만들기 수업은 〈백파더-요리를 멈추지 마!〉라는 예능에서 맨 처음 아이디어를 얻어 구상했다.

1, 2차시에는 안전하고 위생적인 식생활에 대해 알아봤다. 그 뒤에

인생 요리 만들기

학생마다 자신이 만들고 싶은 요리에 대한 계획서를 작성했다. 학생들
이 직접 작성한 요리 계획서를 보고, 보충할 부분을 피드백한 다음 3, 4
차시는 요리왕 선발 대회 예선전으로 수업을 설계했다. 각자 만든 요리
사진을 클래스팅에 공유하고, 중복 투표로 학생들이 직접 요리왕 세 명
을 선발하게끔 한 것이다. 이렇게 선발된 요리왕들은 5, 6차시에 요리
스승이 되어 해당 요리를 배우고 싶은 학생들에게 자신의 레시피를 전
수했다.

3, 4차시의 경우 각자 원하는 요리를 만들었기 때문에 줌의 전체 회
의실에서 수업했지만 5, 6차시에는 학생별로 원하는 친구에게 요리를
배워야 했기 때문에 소회의실을 사용했다. 선발된 요리왕 친구들 이름
으로 소회의실 이름을 바꿔주고, '참가자가 소회의실을 선택하도록 허
용' 했기 때문에 학생들은 각자 스스로 원하는 소회의실에 들어가 요리
를 배울 수 있었다.

2차례에 걸쳐서 진행된 음식 만들기 수업에서는 기본적인 약속을 하나 하고, 꼭 지키도록 했다. 바로 '가정에 부모님이 계실 때만 꼭 불 사용하기!'라는 규칙이었다. 혹시 모를 돌발 상황에 모니터 건너편에 있는 교사가 직접적으로 개입할 수 없으니, 최대한 철저하게 안전에 대해 대비해야 한다는 생각이었다..

실시한 쌍방향 수업으로 진행된 음식 만들기는 교사, 학생들 모두 만족도가 최상이었다. 학생들은 익숙한 도구로 가정에서 요리를 만들며, 나는 음식 만들기가 끝난 후에도 깨끗한 교실을 보며 너무 만족스러웠다! 옆에서 같이 요리하고 싶어 하는 동생이나 도움을 주고 싶어 하는 부모님도 요리 만들기 수업에 참여할 수 있게끔 한 결과 여러 학생이 가족과 함께 수업에 임했고 모두 기대 이상으로 즐거워했다.

| 재활용품을 활용한 실내화분 가꾸기

수업 형태	교과	학습 주제	학습 활동
과제 수행 실시간 쌍방향	실과	재활용품을 이용해 화분 만들기	🖥️ 친환경 농업의 중요성 알아보기 재활용품으로 실내화분 만들기
등교 수업		공기정화식물 심기	🪴 공기정화식물 심기
과제 수행 실시간 쌍방향		공기정화식물 기르기	공기정화식물 성장일지 기록하기 🖥️ 공기정화식물 성장일지 발표하기

6학년 〈실과〉 '지속 가능한 생활' 단원은 과제 수행 실시간 쌍방향 수업과 등교 수업을 섞어 교육과정을 재구성했다.

1, 2차시에는 과제 수행 실시간 쌍방향 수업으로 친환경 농업의 중

요성과 재활용품으로 실내화분 만드는 방법을 알아봤다. 추후 학생들에게 페트병을 이용하여 실내화분을 만들도록 하기 위함이었다. 3차시에는 등교일에 가정에서 만든 실내화분을 학교로 가져와서 공기정화식물을 심었다. 4차시는 본 수업에 앞서 가정에서 식물을 기르며 성장일지를 작성하라는 과제를 제시했다. 성장일지에는 식물을 가꾸기 위해 한 일, 변화 모습, 기르면서 느낀 점을 기록하도록 했다. 이렇게 작성한 성장일지는 자신이 기른 식물과 함께 줌에서 다른 친구들에게 공유했다. 공기정화식물 특성상 모습에 변화가 거의 없었던 점을 생각하면, 식물을 위해 한 일까지 기록하게 한 것은 신의 한 수였다.

재활용품으로 화분 만들기와 식물 기르기는 과제 수행 쌍방향 수업으로 진행하기 상당히 좋은 주제였다. 기존에도 식물 기르기는 수업 시간에 안배하기가 곤란해 교실에서 각자 식물을 기르고 마무리 단계에서 성장일지를 발표하는 형태로 마무리했는데, 2020년 수업을 마무리하면

공기정화식물 심기

공기정화식물 성장일지 발표하기

서 학생들이 교실에서보다 가정에서 조금 더 정성스럽게 기른다는 사실을 알 수 있었다. 지난 학생들과의 성향 차이일 수도 있지만, 집으로 식물을 가져가서 기르다 보니 내 식물이라는 느낌이 더 강하게 들고, 학부모님도 식물이 죽지 않도록 함께 신경 쓰는 듯했다. 이런 면에서 어느 정도는 교실에서보다 더욱 효과적이라고 생각해도 될 듯하다.

| 가정에서 즐기는 배드민턴 활동

수업 형태	교과	학습 주제	학습 활동
과제 수행 실시간 쌍방향	체육	배드민턴과 친해지기	🖥️ 배드민턴 경기 규칙 알아보기 🖼️ 배드민턴 라켓 만들기
콘텐츠 활용 실시간 쌍방향		배드민턴 전략 익히기	🖥️ 배드민턴 전략 확인하기 📽️ 가정에서 즐기는 변형 배드민턴 게임하기

코로나19 때문에 외부 활동을 자제하는 가정이 늘어남에 따라 집 안에서 하는 안전한 배드민턴 게임을 구상했다. 이 과정에서 가장 중요하게 생각한 것은 가정에서 활동해도 각종 파손과 아이들의 부상 위험이 적고, 혼자서도 할 수 있는 게임 활동이었다. 이에 6학년 〈체육〉 '경쟁활동_네트형 게임'에서 풍선으로 다양한 게임을 구상했다. 수업을 구상하며 가장 신경 쓴 것은 학생들이 쉽게 게임 활동에 참여할 수 있는가였다.

1차시에는 뉴 스포츠의 하나인 패드민턴에서 착안해 종이 접시(또는

[수업 영상] 배드민턴
서브를 활용한 게임

[수업 영상] 배드민턴
스트로크를 활용한 게임

[수업 영상] 나만의 규칙을
추가하여 배드민턴 게임하기

가정에서 참여하는 배드민턴 수업

택배 상자)로 라켓을 제작하고 배드민턴 경기 규칙을 간단히 알아봤다. 후에 2차시씩 3회에 걸쳐 배드민턴의 기본 기능과 전략을 익힐 수 있도록 콘텐츠를 제작했다. 학생들은 직접 제작한 라켓과 풍선, 운동화 끈, 벽 등으로 가정에서 안전하게 즐길 변형 배드민턴을 실시했다. 이 활동으로 배드민턴 경기의 기본 규칙을 익힐 수 있었다.

운동 경기 방법이나 선수들의 시범 영상만 보는 수업이 아니라, 가정에서 듣더라도 직접 움직여야 하는 체육 수업을 구성했다는 점에서는 만족스러웠지만, 체육 수업은 학교에서 친구들과 함께할 때 가장 즐겁다는 불변의 법칙은 아쉽게도 깰 수 없었다. 원격 수업으로도 경기 규칙이나 간단한 동작 등은 배울 수 있지만, 체육 활동은 역시 강당이나 운동장에서 친구들과 함께하는 것이 가장 아름다운 수업 형태가 아닐까 싶다.

▮ 우리 반 뮤직비디오 촬영하기

수업 형태	교과	학습 주제	학습 활동
교실 전략 실시간 쌍방향	체육	노래에 어울리는 동작 표현하기	💻 모둠별 주제곡 선정하기 💻 주제곡에 어울리는 무용 동작 만들기
과제 수행 실시간 쌍방향		창작 무용으로 주제표현하기	🎞 무용 동작 연습하고 영상 찍고 편집하기 💻 뮤직비디오 감상평 남기기

6학년 〈체육〉 '표현활동' 단원의 주제 표현하기 수업으로 우리 반만의 뮤직비디오 제작 수업을 구상했다. 학생들의 희망에 따라 모둠은 여학생과 남학생으로 나눴다.

주제곡은 줌 소회의실에서 모둠별로 선정했다. 이 과정에서 줌의 공유 기능이 아주 유용했다. 공유 기능으로 각자 추천하는 음악을 들려준 다음 주제곡을 선정했기 때문이다. 학생들끼리 회의한 끝에 여학생 모둠은 동요 〈나비야〉를, 남학생 모둠은 지코의 〈아무 노래〉를 선택했다. 소회의실이나 화면 공유, 주석 달기 등 다양한 줌의 기능을 활용해 주제곡을 선정하는 모습을 보며 학생들이 이제 원격 수업에 많이 익숙해졌구나 하는 생각에 뿌듯했다.

주제곡을 선택한 다음에는 노래 가사나 분위기에 맞게 동작을 만들도록 했다. 전체 동작이 완성되면 파트를 나누고 각자 담당한 파트의 동작을 확인했다. 학생들은 각자 담당 파트의 동작을 연습하고, 동영상으로 촬영해 모둠 대표에서 영상 파일을 전달했다. 모둠 대표는 모둠원들이 보내준 파일을 순서대로 편집해 한 편의 뮤직비디오를 완성했다. 완성된 모둠별 뮤직비디오는 클래스팅을 통해 공유하고 답글로 감상과 상호평가를 진행했다.

다음에 또 이런 뮤직비디오 만들기 수업을 한다면, 간단한 동요에 맞춰 율동을 하거나 인기 가요의 이미 정해진 안무를 따라 하는 것보다 좀 더 적극적으로 학생들이 동작을 만들게끔 유도해야겠다는 생각이 든다. 주제 표현 수업의 성취기준에 부합되는 음악을 정하고, 그 음악에 어울리는 동작을 표현하는 것이 더욱 바람직할 테니. 음악에서 느껴지는 분위기를 떠올려 보고 분위기를 잘 표현하는 동작을 만들어보면 좋지 않을까? 외국 전통 무용을 익히고 챌린지 영상을 제작해보는 것도 재미있는 수업이 될 수 있겠다. 학년 말보다 학생들이 한창 활기찰 5월과 7월 사이에 실시하면 더 좋을 듯하다.

이정석

친구들의 뮤직비디오를 감상하고 감상평을 남겨주세요!

김은찬
주제도 잘 표현했고 열심히 한 것 같다.

윤지환
과한 춤동작이 아니라 간단한 손동작으로 박자를 맞추어 춤추니 보기 편했다. 노래도 정말 밝아서 좋다.

박창준
손동작만으로도 이렇게 재미있게 볼 수 있다니 놀랍고 신기하다.

오수아
영상이 다른 사람으로 바뀔 때마다 자막이 바뀌어서 더 쉽게 감상할 수 있었다.

임원택
애들이 모두 단합력도 좋고 재미있게 잘했다.

희망의 말! 공판화로 표현하기

수업 형태	교과	학습 주제	학습 활동
과제 수행 실시간 쌍방향	미술	공판화 판 제작하기	💻 공판화에 대해 알아보기 📖 나에게 희망을 주는 말로 공판화 판 제작하기 💻 공판화 판 제작 상황 점검하기
등교 수업		공판화로 표현하기	🛍️ 에코백으로 공판화 표현하기

나는 미술이 과제 수행 실시간 쌍방향 수업에 최적화된 교과라고 생각한다. 대부분의 미술 수업은 도입에서만 교사가 설명하고, 대부분의 수업 시간이 학생들의 작품 활동으로 이뤄지기 때문에 등교 수업과 원격 수업에서의 차이가 크게 두드러지지 않는다. 서예같이 가정에서 학생들의 준비물 마련이 곤란한 경우를 제외하면, 실패 없는 원격 수업이 가능하다.

2020년에는 한 치 앞도 예측할 수 없는 코로나19 상황에 대비하려 학기별로 한 학기 내내 사용할 미술 재료를 미리 학생들에게 학습 꾸러미로 나눠줬다. 그 덕에 대부분의 미술 수업을 과제 수행 실시간 쌍방향 수업으로 진행할 수 있었다. 6학년 〈미술〉 '미술로 바라보기' 단원과 관련해 '나에게 희망을 주는 문구'를 에코백에 공판화로 표현하는 수업도 마찬가지였다. 이 수업은 학생들이 좋아하는 명언을 미리 조사해 관련 디자인을 제공하면 활동에 도움이 된다.

1, 2차시는 과제 수행 실시간 쌍방향 수업으로 공판화 틀을 제작했다. 공판화 틀로 가장 많이 활용하는 재질은 A4용지, 백상지(상장용지),

공판화 판 만들기 결과 확인

OHP필름 등이다. A4용지보다 두꺼운 백상지(상장용지)를 선호하는 선생님들도 있지만, 개인적으로는 A4용지를 추천한다. 판화 작업 시 종이가 물감에 젖어 찢어질 염려가 있기는 해도, 커터칼로 틀을 파기 쉽기 때문이다. OHP필름은 찢어질 염려가 없는 대신 재질 특성상 커터칼이 미끄러져 학생들이 다칠 위험이 있다. 3, 4차시는 등교 수업에서 진행했다. 염색용 물감으로 에코백에 공판화를 찍어내야 하기 때문이었다.

공판화 에코백 수업은 해마다 진행해왔다. 매년 학기 초, 학생들에게 서로 듣고 싶은 말을 조사한 다음 그 말을 에코백에 공판화로 찍게 했다. 그렇게 만든 에코백을 다니면서 서로 기분 좋은 말을 자주 해주는 캠페인과 이 수업을 연계해왔다. 하지만 코로나19로 인해 등교 수업이 많이 이뤄지기 힘든 상황을 고려해 2020년에는 수업을 약간 변형했다.

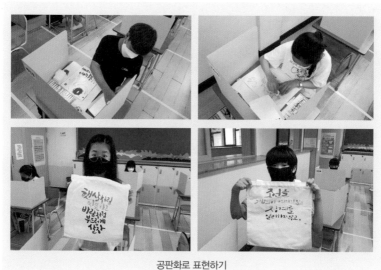

공판화로 표현하기

캠페인용이 아니라, 학생들의 보조가방으로 에코백을 1년 동안 사용하게끔 한 것이다. 학습 꾸러미를 나눠줄 때마다 에코백을 사용하는 학생들을 보면 기분이 뿌듯했다.

| 3부 |

프로젝트 수업까지

준비하기

블렌디드로 프로젝트 학습을?

2020년 1학기에 스물다섯 명의 5학년 학생과 총 세 개의 프로젝트 학습을 블렌디드 수업으로 진행했다. 프로젝트 학습 설계의 완성도만 보자면 많이 아쉽고 부끄럽지만, 블렌디드 러닝 기반의 프로젝트 학습은 우리 반 학생들의 마음을 확실히 두드렸다. 어르고 달래며 끌어온 학기 초의 원격 수업에 비하면 대단히 큰 도약이었다.

본디 프로젝트 학습이란 복잡한 질문, 문제를 해하기 위해 조사하고 탐구해 지식과 기술을 습득하는 교육 방법이다. 쉽게 말해서 학생이 과제/어려운 문제 또는 질문을 협력하여 해결하도록 이끄는 모델이다. 블렌디드 러닝이 기반이라고 해서 크게 달라지는 것은 없다. 딱 하나 다른 점을 꼽으라면, 블렌디드 러닝 기반으로 프로젝트 수업을 할 때에는 활용 목적에 맞는 다양한 온라인 플랫폼이 필요하다는 것뿐이다. 적당한 플랫폼만 찾으면 솔직히 적용은 금방이다.

프로젝트를 처음 계획할 때는 온라인 플랫폼 정보가 부족해 하나하나 검색하고, 배우는 데 시간이 꽤나 걸렸다. 재미있어 보여 회원가입하고, 배우고, 연습까지 했는데 수업의 목적 또는 주제와 맞지 않아 시간만 버리고 정작 플랫폼은 쓰지 못한 일도 많았다. 다행히 원격 수업을 할 수밖에 없는 상황에도 아이들에게 도움이 되는 수업을 하고자 노력한 많은 선생님의 열정 덕분에 이제는 제법 많은 자료에 비교적 쉽게 접근할 수 있다.

다양한 플랫폼을 많이 알수록 수업에 시도할 만한 아이디어가 금방 떠오른다. 이런저런 아이디어를 하나하나 수업에 적용하는 것도, 새로운 방식의 수업에 열중한 학생들의 모습을 지켜보는 재미도 쏠쏠하다. 그런 의미에서 블렌디드 러닝 기반 프로젝트 학습은 충분히 즐기며 해볼 만하다.

블렌디드 러닝 기반 프로젝트 학습의 단계

블렌디드로 프로젝트 수업을 해봐야겠다고 마음먹은 다음, 프로젝트 수업에 대해 설명하는 다양한 서적을 접했다. 그 책들을 참고해 여러 방법으로 프로젝트 수업을 시도하다 보니 수업 과정에도 자연스럽게 교사인 나의 개인적인 철학과 취향이 반영됐다. 그렇게 정착한 수업 흐름이 지금부터 설명할 사전 활동과 이후 5단계다. 이 책을 읽는 교사들도 프로젝트의 의도와 목적에 맞게, 각자 맡은 학생들의 흥미와 수준에 맞춰 지금부터 설명할 프로젝트 수업의 플랫폼과 단계를 선택하거나 변형해서 활용하면 좋겠다. 그럼 지금부터 우리 반의 프로젝트 수업을 단계별로 설명하겠다.

기반 활동은 블렌디드 러닝 기반 프로젝트 학습에 모든 학생이 흥미를 가지고 능동적으로 참여할 수 있게끔 돕는 활동이다. 일종의 동기 부여 프로그램이라고 할 수 있다. 참고로, 지금부터 소개할 프로젝트 수업 사례들은 진행 과정에서 학습자 질문이 중요한 역할을 한다. 그렇기 때문에 학생들에게 다양한 기법을 활용해 이런저런 질문을 유도했다. 이 밖에도 프로젝트 주제에 푹 빠질 수 있게 도와주는 다양한 독후 활동 혹은 신문 활용 교육 등을 활용했다. 한마디로, 프로젝트의 모든 과정에서 학생의 배움을 돕는 활동이라고 할 수 있다.

학습 계획 수립은 학생의 궁금증을 꺼내, 탐구 계획을 세우는 과정이다. 학생의 궁금증을 꺼내는 건 이삿짐 정리 과정과 같다. 이사할 때 마구잡이로 짐을 꺼내면 물건이 한눈에 보이지 않는다. 한눈에 보이지 않으니 용도에 맞는 위치에 정리하지 못하고, 필요할 때 사용하지 못하니 결국 나중에 다시 꺼내서 정리해야 한다.

궁금증을 질문으로 만들 때도 마찬가지다. 학습 호기심과 생각을 필요한 순서대로, 적절한 위치에 꺼내 정리하면 사고 과정을 한눈에 볼 수 있고, 정리된 생각을 바탕으로 탐구를 이끄는 질문을 만들 수 있다. 더불어 학습자 질문으로 만든 학습 계획은 학생이 프로젝트 학습에 더 몰입하도록 도와준다.

내용의 학습 및 조사·수집을 위해 학생들은 교사가 탑재한 교과서 PDF 자료나 관련 영상을 활용할 수도 있고, 다양한 매체 활용으로 스스로 내용을 조사·수집할 수도 있다. 학생이 직접 제작한 설문지를 주변 사람들에게 돌리는 것도 내용을 조사하고 수집하는 방법이다. 요즘에는 다양한 웹사이트에서 설문지 폼을 서비스하고 있는데다 답변까지 보기 좋게 정리해주기 때문에 예전보다 설문 조사를 하기가 훨씬 수월하다.

더불어 블렌디드 수업 환경에서는 이 단계에 다음 사항들을 안내하는 것이 좋다. 첫째, 학생이 정확하게 인지할 수 있게끔 명확한 역할을 제시하자. 둘째, 학습자 모두에게 과제에 기여하고 있다는 인식을 심어주자. 셋째, 조사하고 수집하는 방법을 자세히 알려주자. 넷째, 내용을 기록하고 정리하는 법을 설명하자. 조사·수집한 내용을 확인하는 과정도 중요한데, 이 과정을 생략하면 제대로 된 학습이 이뤄지기 어려울 수도 있다.

생각 연결 짓기는 앞에서 조사하고 수집한 내용을 가지고 노는 단계라고 할 수 있다. 등교 수업에서도 중요하지만, 블렌디드 환경에서는 더욱더 중요하다. 특히 이전의 내용 조사·수집 단계에서 복사, 붙이기만 활용해 학습이 전혀 되지 않았을 때, 생각 연결 짓기가 활약한다. 이 단계에서는 다양한 씽킹맵이나 토의 토론 기법으로 내용을 비교하거나 원인과 결과, 전체와 부분 등으로 분석한다. 개념 간의 관계를 탐구하며 지식이나 기능을 학습자 본인의 것으로 만들기 위해서다.

내용의 적용/실천 결과물 산출에서는 학습한 지식이 전이됐는지 확인한다. 결과물이 실제적인지, 실현 가능성은 얼마만큼인지 고려한 다음 결과물 산출 방식을 결정해야 한다. 그렇다고 너무 어렵게 생각할 필요는 없다. 결과물은 서술형, 모든 형태의 공연, 테크놀로지 관련, 구조물 형태 등 다양하게 산출 가능하다.

발표 및 성찰로는 프로젝트의 전 과정을 돌아본다. 탐구 질문을 최종 검토하고 수행 정도를 직접 평가함으로써 어떤 부분에서 발전이 더 필요한지 스스로 느끼도록 하는 것이다. 혹시라도 지금까지의 단계에서 부족한 부분이 있으면 이때 보강해야 한다.

| 프로젝트
학습을 위한
기반 활동 | # 질문 탐구
보이는 라디오
책, 신문 등 다양한 텍스트 자료를 활용한 지름길활동
주제 글쓰기 및 공유 |

＋

프로젝트 학습단계	가능한 활동
학습 계획 수립	# 프로젝트 주제와 관련된 아이디어 꺼내기 # 관련 아이디어를 보고 떠오르는 궁금증을 질문으로 만들기 # 학습자 질문으로 학습 계획 수립하기

| 내용의 학습 및
조사, 수집 | # 인터넷 등 매체를 활용한 정보 검색
인터뷰, 면담을 통한 정보 수집
교사의 강의식 수업을 통한 정보 전달 |

↓

| 생각 연결
짓기 활동 | # 퀴즈로 조사, 수집한 내용 확인하기
생각을 연결 짓는 틀(마인드맵, 씽킹맵 외) 사용하기
역할극으로 표현하기
생각을 정리하는 토의 토론 활동 |

| 내용의 적용/실천,
결과물 산출 | # 디베이트
구글 사이트도구 혹은 프레젠테이션 활용한 모둠신문 만들기
구글 드로잉을 활용한 이미지 제작
코스페이시스로 가상현실 만들기 |

↓

| 발표 및 성찰 | # 동학년 프로젝트 발표회
배움 연결 활동
프로젝트 주제 성찰 글쓰기 |

블렌디드 러닝 기반 프로젝트 학습의 단계

블렌디드 러닝 기반 프로젝트 학습의 설계 시 고려할 점

기존의 교실 프로젝트 수업은 어려운 문제 또는 질문, 지속적 탐구, 실제성, 학생의 의사와 선택권, 성찰, 비평과 개선, 공개할 결과물 등의 일곱 가지 요소를 가지고 있다. 블렌디드 러닝 기반 프로젝트 학습 역

프로젝트 학습 설계 요소	블렌디드 러닝 기반 프로젝트 학습의 적용 방안
어려운 문제 또는 질문	• 다양한 온라인 플랫폼을 통한 기반 활동 및 자료의 제시로 문제에 접근
지속적인 탐구	• 학생의 수준과 흥미에 맞는 다양한 자료 제공 • 학생 간 다양한 상호작용을 돕는 학습 형태 적용 • 적절한 탐구 방향으로 나아가도록 하기 위한 교사의 피드백 제공
실제성	• 학생이 다양한 매체로 접하는 소재를 학습 자료로 활용 • 학습자와 주변에 영향을 줄 프로젝트 학습 결과물의 제작과 공유
학생의 의사와 선택권	• 교사 설계에 기반한 학습자 질문으로 학습 계획 수립 • 학생의 자기 주도적 학습을 위한 원격 수업 환경 구성
성찰	• 메타인지의 향상을 위해 자기 이해 평가 기호 활용 • 온라인 플랫폼으로 프로젝트 과정과 결과공유 및 성찰
비평과 개선	• 온라인 플랫폼을 활용한 개념지도 작성으로 학습성과의 이해 및 관리
공개할 결과물	• 다양한 온라인 플랫폼(구글 사이트도구, 프레젠테이션 등)에서 텍스트와 이미지 영향을 활용한 결과물 제작, 가상/증강현실 활용(코스페이스 등)

프로젝트 학습 설계 요소의 블렌디드 실천 가능성 탐색

시 설계 내용의 전 과정에 걸쳐 이 일곱 가지 요소가 고루 포함되어 있는지 점검하면 많은 도움이 된다.

그러면 블렌디드 환경에서는 일곱 가지 설계 요소를 어떻게 적용할까? 일단 다양한 온라인 플랫폼 중 학습의 목표와 성격에 맞는 것을 선택하기 위한 교사의 노력과 고민이 필요하다. 요소별로 적절한 플랫폼을 선정하면, 프로젝트 학습의 과정에 앞의 일곱 가지를 포함시키는 것이 그렇게 어렵지 않다.

이 밖에 또 고려할 점은 블렌디드 러닝의 장점이다. 블렌디드 러닝은 시간과 장소에 구애받지 않는 학습이 가능하다. 그 장점을 잘 살려서 학생들이 자기 주도 학습을 하도록 독려할 방법을 고민했다. 사실 어른들도 스스로 계획을 수립하고 무엇인가 해나가기란 쉽지 않다. 그러니 자기 주도적으로 학습하는 모습을 기대한다면, 먼저 학생들에게 자기 주도 학습이 가능할 만한 환경을 만들어줘야 한다. 지금부터는 블렌디드 수업 학습 환경에서 자기 주도 학습 환경을 만들기 위해 교사로서 노력한 과정을 설명해보겠다.

자기 주도 학습을 위한 환경 구성

누구나 할 수 있는 프로젝트 환경 구성

원격 수업 초기 적응 기간에는 언제, 어떤 과목을 학습할지 교사가 설계하여 주간 학습 안내로 공지했다. 월요일 1교시부터 금요일 6교시까지 매일매일 어떤 내용을 학습할지 교사가 제시하면 학생은 그걸 따라 학습한 셈이다.

주간 학습 안내에 맞춰 클래스룸의 원격 수업 콘텐츠도 매일매일 업로드했다. 우리 반은 구글 클래스룸으로 원격 수업을 했는데, 클래스룸의 주제를 날짜로 설정하고, 해당 날짜 아래 학생들이 학습할 과목과 내용을 게시했다. 학생들은 해당 수업일을 찾아 출석 확인 후 1교시부터 차례대로 학습했다. 게시된 학습 내용은 가능한 해당 수업일에 완료하도록 독려했다.

매일매일 수업을 피드백 하자 걱정스러운 점들이 드러났다. 첫 번째는 하나둘 미뤄진 학습이 쌓이는 것이었다. 하나의 학습 누락은 다음

원격 교육 주간 학습 안내

4월 27일 - 5월 1일 경인교대부설초등학교 5학년

구분	월 (27일)	화 (28일)	수 (29일)	목 (30일)	금 (1일)
1교시	**과 학** 3. 태양계와 별(3/11) 태양계에는 어떤 구성원이 있을까요? ☞활동1: 태양계 행성의 특징 조사하기 ☞활동2: 태양계 행성 분류하기	**나와 너 우리 프로젝트** 상대의 잘한 점이나 장점을 찾아 칭찬하기 ▶(국)1. 대화와공감(4/10) ◆활동: 칭찬의 힘 ☞활동1: 내가 듣고 싶은 칭찬 장점을 수업 글로 작성하기 ☞활동2: 친구의 글에 칭찬 댓글 달기	**영 어** 1. I'm from Mexico(5/6) Before You Read, After You Read, With Your Friends ☞활동1: 16~17쪽의 이야기 소리내어 읽어보기 ☞활동2: 글을 읽고 교과서 연습문제 1,2번 답하기	석 가 탄 신 일	**나와 너 우리 프로젝트** 함께하는 우리를 위한 나의 고민 이야기하기 ▶(국)1. 대화와공감(8/10) ☞활동1: 학교생활, 혹은 가정에서 생기는 여러가지 고민 생각하기 ☞활동2: 함께 해결하고 싶은 고민 제출하기(Padlet 플랫폼 활용하여 익명 제출)
2교시	**과 학** 3. 태양계와 별(4/11) 태양계 행성의 크기를 비교해 볼까요? ☞활동1: 태양과 지구의 크기 비교하기 ☞활동2: 태양계 행성의 상대적인 크기 알아보기	**나와 너 우리 프로젝트** 상대를 배려하며 조언하기 ▶(국)1. 대화와공감(5/10) ◆영상: 귀에 쏙 들어오는 조언하는 방법 ☞활동1: 배려하고 조언하는 대화법 알아보기 ☞활동2: 나 자신에게 스스로 조언해 보기	**영 어** 1. I'm from Mexico(6/6) Wrap Up, The World an Us, 배움을 정리하기 ☞활동1: 듣기 자료를 듣고 18쪽 A,B번 해보기 ☞활동2: 철자에 주의하며 18-19쪽 C,D번 답하기		**나와 너 우리 프로젝트** 함께하는 우리를 위한 친구의 고민 공감하기 ▶(국)1. 대화와공감(9/10) ☞활동1: 친구들의 고민을 읽고 댓글 달아주기 ☞활동2: 친구들의 고민을 읽고 같이 해결해야 할 고민에 추천 누르기 ☞활동3: 우리 학급의 고민 베스트5 선정하기
3교시	**나와 너 우리 프로젝트** 상대를 이해하고 공감하며 대화의 특성 살펴보기 ▶(국)1. 대화와공감(2~3/10)	**나와 너 우리 프로젝트** 건강을 유지하기 위한 체력 운동 계획하기 ▶(체)2. 건강체력을 길러요(12/12) ☞자료/영상/링크 ☞활동1: 친구들이 소개한 신체단련법의 효과 나누기 ☞활동2: 영상 공유하여 체력 운동 순서 만들기	**수 학** 1. 자연수의 혼합 계산(9/9) 계산기를 사용하여 계산해볼까요? ☞링크:e-학습터 ☞활동1: 계산기를 사용하여 덧셈, 뺄셈, 곱셈, 나눗셈, 괄호가 섞여 있는 식을 계산하는 방법 알기		**나와 너 우리 프로젝트** 함께하는 우리를 위한 친구의 고민 해결하기 ▶(국)1. 대화와공감(10/10) ☞링크:인공지능이 절대 가질 수 없는 것은? ☞활동1: 우리반 고민 베스트5 모둠별 토의하기 ☞활동2: 돌아가며 고민상담소 진행해보기(모둠에 맞게 고민 배부,진행) ☞활동3: 최고의 고민상담사 뽑아보기
4교시	◆영상 : 서로 인정하는 순간 생기는 놀라운 변화 ☞활동1: 개성과 특징을 살려 표현한 나의 모습 공유하기(Padlet 플랫폼 활용) ☞활동2: 친구에게 어울리는 새로운 표현방법 고민하여 배려하며 조언하기	**수 학** 1. 자연수의 혼합 계산(8/9) 얼마나 알고 있나요 ☞자료: 수학책 22~23 ☞활동1: 문제 풀이 ☞활동2: 정답 확인	**나와 너 우리 프로젝트** 함께하는 우리가 되기 위한 첫걸음- 공감이란? ▶(국)1. 대화와공감(6~7/10)		**수 학** 1. 자연수의 혼합계산 -수학퀴즈 ◆영상: 뭉쿠와 함께 푸는 ☞활동: 나만의 사칙연산 퀴즈 만들기
5교시	☞자신의 감정을 조절하여 바르게 자신을 표현하는 방법 실천하기 ▶(도)2.내 안의 소중한 친구(3~4/4)	**나와 너 우리 프로젝트** 나를 표현하는 음악 공유하기 (음)1.음악으로 여는 마음(4/17) ☞활동1: 나를 표현하는 음악, 음악을 선정한 이유 글로 나누기 ☞활동2: 친구들을 표현하는 음악 함께 들어보고 함께 만날 우리반의 모습 상상해보기	◆링크:EBS무가수-제7회 공감 ☞활동: 함께하는 공감활동지(활동부) ☞활동1: 공감의 사전적 의미 ☞활동2: 나와 가족의 대화를 기록하고 서로에게 공감한 부분 찾아보기		**자 율** 세계시민교육 -함께 하고싶은 공동체의 모습 상상하기 ◆영상: 여러분은 인생에서 가장 소중한 것은 무엇인가요? ☞활동1: 영상 시청하기 ☞활동2: 배우고 생활하며 내가 실천하고 싶은 것과, 실천으로 만들어낼 수 있는 변화 생각해보기
6교시	◆영상 : 나 전달법 ☞활동1: 마음의 힘 기르는 방법 알아보기(나전달법) ☞활동2: 부모님께 나 전달법으로 나의 마음 표현하기 ☞활동3: 실천소감 나누기, 나에게 미칠 긍정적인 영향 예측해보기	**음 악** 1. 음악으로 여는 마음(5/17) 마음의 소리를 맞추어요 -새싹들이다 ☞자료: 5학년 음악 새싹들이다 ☞활동1: 노랫말을 듣고 어떤 느낌이 드는지 생각해보기 ☞활동2: 노랫말과 가락의 어울림을 생각하며 노래 부르기	**과 학** 1. 과학자는 어떻게 탐구할까요?(3/6) 실험을 해 볼까요? ◆영상: [티사이언스]초등 과학 5-1 개념 강의 ☞활동1: 실험방법 확인하기 ☞활동2: 사인펜 잉크의 색소 분리 실험 관찰하기		

※ 본 계획은 코로나-19 상황 변화 및 학교 사정으로 인해 변경될 수 있습니다.

※ 화상 수업 시간 안내(화요일 11시: 1~3반, 10시: 4반)

학습 날짜

- 04.27(월요일) 출석 확인해주세요.
- 04.27_1~2교시 태양계에는 어떤 구성원이 있을...
- 04.27_3~4교시_프로젝트(국어)_상대를 이해...
- 04.27_5~6교시_프로젝트(도덕)_자신의 감정...

학습할 과목과
차시를 표시한
원격 수업 콘텐츠

적응 기간의 클래스룸 수업 탑재

학습에도 영향을 끼친다. 예를 들어 금요일 즈음 월요일에 미뤄둔 과학 2차시 학습이 기억 저편으로 아예 사라지는 상황이 그렇다. 2차시 내용을 학습해야 3차시 내용을 이해할 텐데, 월요일 과학 2차시 학습을 안 했다는 걸 잊고 금요일에 3차시 내용을 학습하니 너무 어렵고, 오개념도 생기는 셈이다.

두 번째는 프로젝트 학습의 진행 과정을 학생들이 모른다는 점이다. 프로젝트 수업은 보통 오랫동안 진행된다. 다양한 과목과 개념이 융복합되어 있기 때문이다. 그런데 아이들은 전체 프로젝트의 어느 부분을 학습할 차례인지, 어제 학습한 내용과 오늘 학습한 프로젝트의 내용이 어떤 관련이 있는지, 다음은 어떤 학습을 해야 최종 문제를 해결할 수 있을지 머릿속에 그리지 못했다. 오늘의 학습 완료가 목표이기 때문에 오랜 기간에 걸친 학습 간의 연결을 어려워하는 것 같았다.

| 주간 학습 안내의 변신 :
내가 세우고 실천하는 이번 주 학습 계획!

그러다 문득 이런 생각이 들었다.

이번 주 공부할 내용

7월20일 - 7월24일(15주)   경인교대부설초등학교 5학년

과 목		단 원 명	학 습 내 용	차시	학습완료
프로젝트	국어 사회 미술 자율	프로젝트 3. 우리 함께 살아가는 터전 3-3. 가치(같이)있는 국토 ↑ [사회] 2. 우리 국토의 자연환경 [사회] 3. 우리 국토의 인문 환경 [국어] 7. 기행문을 써요 [미술]07. 프로젝트 I 작은 생명 지킴이 [창체]자율_민주시민교육	다른나라 국토는 환경과 개발 중 무엇을 우선할까? -다른나라의 국토개발 사례 알아보기 ▣ 등교수업	1/18	
			국토를 깨끗하게 유지하기 위해/개 발하기 위해 일하 는 사람은 누구 까? -국토의 환경을 보전하기 위해, 혹은 국토를 개발하기 위해 노력하는 사람들 이나 단체에 대해 조사하기 ▣ 등교수업	2~3/18	
			-지속가능발전 목표 알아보고 우리 국토의 지속가능발전 목표 설정하기 ◆ 실시간 쌍방향 수업 (수) 09:30~	4~5/18	
			가치있는 국토의 기준은 무엇일까? -지속가능발전의 목표를 기준으로 우리 국토의 지속가능성 판단하기 ◆ 실시간 쌍방향 수업 (수) 10:30~	6~7/18	
			-가치있는 국토에 대한 나의 생각 정리 하기(디베이트 준비) ◆ 실시간 쌍방향 수업 (목) 09:30~	8~9/18	
			생태계와 개발, 무 엇이 더 중요할 까? -생태계 보전과 개발에 관한 디베이트 토론 참여하기 ◆ 실시간 쌍방향 수업 (금) 09:30~	10~11/18	
비 프로 젝트	도덕	우리가 만드는 도덕 수업1	나를 돌아보며 자기 발전을 위한 계획 세우기/계획 실천하기/현재 와 미래의 나를 축하하고 응원하기	1/4	
	수학	5. 분수의 덧셈과 뺄셈	단원내용 복습 ◆ 실시간 쌍방향 수업 (월) 09:30~	10/10	
		6.다각형의 둘레와 넓이	단원도입	1/16	
	과학	4. 용해와 용액	물의 온도가 달라지면 용질이 용해되는 양은 어떻게 될까요? ▣ 등교수업	5~6/11	
		5. 다양한 생물과 우리 생활	세균에는 어떤 특징이 있을까요?	6/11	
	실과	3. 나의 안전한 생활 문화	균형 잡힌 식사는 어떻게 해야 할까요?	3/22	
		3. 나의 안전한 생활 문화	다양한 식재료를 맛보고 올바른 식습관을 형성해 볼까요	4~5/22	
	체육	2. 더 멀리 더 높이 뛰어요	뜀뛰기 대회를 통해 기록에 도전해요	8~11/12	
	음악	2. 음악이 주는 흥거움	친구 되는 멋진 방법	8~9/17	
	영어	6. I Get Up at Five	Open Up, Look and Listen, Rap Chant, Listen and Do, Listen and Play ▣ 등교수업	1/6	
		6. I Get Up at Five	Look and Say, Sounds Fun, Song Time, Talk Together, Speak and Play, 배움을 확인해요	2/6	
		6. I Get Up at Five	Read and Speack, Read and Do, Write and Do, Read and Play	3/6	
학습 계획 세우 기			◈ 5학년의 등교수업은 화요일이며, 음영표시 부분을 학습합니다.(1~5교시) ◈ 학습 계획을 세울 때는 내가 학습하고 싶은 과목부터 선택하여 순서를 정할 수 있습니다. ◈ 단, 같은 과목 안에서는 위에서부터 아래의 순서로 학습해야 합니다.		

'교사가 학습 계획을 세워주는 것이 아니라 학생이 직접 학습 계획을 세워보면 어떨까? 직접 계획한 내용이니 잊지 않고 좀 더 열심히 할 수 있지 않을까?'

직접 학습 계획을 세우면 내가 하고 싶을 때, 원하는 과목을 학습할 수 있다. 그동안 교사인 내 상상 속에만 존재하던 자기 주도 학습 습관을 가진 학생을 현실에서 만나기 위해 주간 학습 안내의 형식을 과감히 변경했다. 새로운 양식의 핵심은 학생들이 직접 일주일의 학습 계획을 세울 수 있도록 돕는 것이었다. 그래서 학생들에게 일주일간 학습해야 할 내용과 등교일의 수업 내용, 실시간 쌍방향 수업으로 학습할 내용을 알려줬다. 그리고 표시된 부분을 제외하고는 학생 스스로 학습할 내용과 양을 선택하고 계획해 실천하도록 했다.

▎클래스룸 재단장 :
프로젝트 학습의 흐름이 보이도록!

'주간 학습 안내가 변신했으니 원격 수업 콘텐츠도 일주일 분량을 한꺼번에 업로드해야 하는데, 콘텐츠를 프로젝트 흐름에 따라 배치하면 어떨까? 학습의 흐름을 시각화한다면 학생이 학습의 전체적인 맥락을 이해하고 단위 수업의 필요성과 실제성을 느끼는 데 도움이 되지 않을까?'

이런 생각에 학생들과 먼저 질문을 만들어보고, 프로젝트 학습 계획을 수립한 다음 위에서 아래의 학습 순서로 원격 수업 콘텐츠를 게시했다.

클래스팅의 경우, 수업을 만들 때 주제를 설정할 수 있다. '게시글'에서 주제를 선택하고, 그 주제의 수업들을 조회할 수도 있다. 그러나 주

3-2. 변화하는 국토	프로젝트 주제
[조사질문] 국토의 지역마다 무엇이 발달했을까... [조사질문] 땅의 모양, 도로 등이 생기거나... [조사질문] 사람들이 계속 이동하는 이유는? [조사질문] 변화하는 국토에 어떤 문화가 발전... [연결질문] 국토가 변하면 우리에게 어떤 장단...	학습자 질문으로 만든 주제별 수업 콘텐츠

재단장한 클래스룸의 프로젝트 수업 탑재

제별 수업을 한눈에 보기는 어렵다. 반면 클래스룸은 다른 플랫폼에 비해 여러 주제와 주제별 수업을 한눈에 보여준다. '주제 만들기' 기능이 있기 때문이다. '주제 만들기'를 하면 색깔이나 글자 포인트가 다른 곳과 차별화된다. 이를 활용해 프로젝트의 주제를 게시하고, 주제별 수업 목록은 학생들과 직접 만든 질문으로 만들어 탑재했다.

클래스룸에 수업을 탑재하면 가장 위에 대주제가, 그 아래 소주제가 보인다. 소주제 아래에는 수업이 있다. 예를 들어, 위에 예시로 삽입된 '3-2. 변화하는 국토'는 소주제다. 소주제 아래에는 학습자 질문으로 만든 주제별 수업이 있다. 수업은 항상 위에서 아래 순으로 진행했다.

프로젝트가 아닌 교과는 수업 주(예시: 15주-07. 20.~07. 24. 비프로젝트 학습)를 주제로 탑재했다. 프로젝트가 아닌 교과도 같은 과목 학습 시에는 위아래로 학습하라고 당부했다. 다음 페이지에 삽입된 비프로젝트 수업 탑재를 보자. 실과는 두 개의 수업이 탑재되어 있는데, 위의 수업이 3차시고 아래 수업이 4, 5차시에 해당한다. 그러므로 위의 수업을 먼저 학습해야 한다. 일주일 내에만 완료한다면 학생들이 어떤 과목을 먼저

15주차_07.20~07.24. 비프로젝트 학습	학습할 주
▣ ◆화상[월요일 9:30~] 수학 ▣ ◆화상[수요일 9:30~] 프로젝트 ▣ ◆화상[목요일9:30~] 프로젝트 ▣ ◆화상[금요일 9:30~] 프로젝트 ▣ ◇원격[도덕] 우리가 만드는 도덕수업(1/4) ▣ ◇원격[수학] 6단원(1/16) ▣ ■등교[과학] 4단원(5~6/10) ▣ ◇원격[과학] 5단원(6/10) ▣ ◇원격[실과] 3단원(3/22) ▣ ◇원격[실과] 3단원(4~5/22)	학습의 방법 (화상/원격/등교) 과목과 차시를 표시한 원격 수업 콘텐츠

재단장한 클래스룸의 비프로젝트 수업 탑재

학습하는지, 매일 몇 개의 수업을 학습하는지는 문제가 되지 않는다.

학습 질문(원격 수업 콘텐츠)을 위아래 순으로 학습해나가기 시작한 뒤, 실시간 쌍방향 수업에서 이 게시 방법의 장점을 체감했다. 한 모둠이 지난 학습 내용을 잊어버렸지만, 기특하게도 교사에게 묻기 전에 전 차시 내용을 찾아서 써먹은 것이다. 그만큼 학습의 흐름이 잘 보였다는 뜻이리라. 오늘 이 내용을 학습해야 다음 시간 내용을 학습할 수 있다는 걸 깨달은 학생들은 프로젝트 학습에 더욱 몰입했다.

▌학급 뒤 게시판의 활용 :
등교 수업 일에도 프로젝트 학습과정 공유!

등교일이 점점 많아지면서 학습과정 시각화의 장점을 더 살리기 위

① 프로젝트 학습의 진행 과정, 흐름을 알 수 있도록 도와줍니다. 지난 시간에 어떤 내용을 배웠는지, 오늘은 어떤 내용을 배울지, 다음 시간에는 어떤 내용을 배울 것인지 쉽게 확인할 수 있습니다.
② 프로젝트 학습 계획을 살펴보면서 내가 어느 부분을 잘 기억하는지, 어떤 부분을 더 공부해야 하는지 확인할 수 있습니다.
③ 프로젝트 결과물을 산출할 때에도 프로젝트 전체 학습 계획을 한눈에 살펴보면 결과물 산출에 필요한 내용이 무엇인지 확인할 수 있어 도움이 됩니다.

해 뒤 게시판을 이용했다. 함께 만든 질문을 학습할 순서대로 게시판에 붙였다. 해결된 질문 옆에는 학생들이 제출한 수업 결과물을 인쇄해 붙이기도 했다. 교실에서 프로젝트로 수업할 때는 클래스룸을 위에서 아래로 살펴보는 대신 뒤 게시판을 확인한 셈이다. 오늘은 어떤 질문을 해결할 차례인지, 다음 시간에는 어떤 질문을 공부할지.

교사의 의도대로 학생들은 게시판 내용으로 프로젝트 흐름을 확인했다. 학습 진도를 더 쉽게 알아보라고 우리 반 캐릭터도 그려주었다. 우리 반 캐릭터로 프로젝트 주제를 향해 달려 나가는 학습 진도의 모습을 보여주려 한 것이다. 가끔은 캐릭터를 다음 소주제로 옮기는 걸 깜빡해서 학생들에게 혼나기도 했다.

나중에는 학생들 스스로 뒤 게시판을 채우기도 했다. 학년 말 프로젝트, '역사를 빛낸 주역들'에서 학생들은 학습한 내용을 쉬는 시간에 색종이 연표로 제작했다. 학생들의 요청에 색종이와 털실을 지원해주니 열정 가득한 모습으로 게시판을 꾸몄다. 시작은 한두 명이었으나 즐거

프로젝트 학습의 흐름을 보여주는 게시판과 학급 캐릭터

학생이 직접 채운 프로젝트 학습과정

워 보이니 더 많은 학생이 함께했다. 흐뭇하게 지켜보다가 "저 부분부터 달라지는 내용을 알 수 있도록 제목을 써주면 어떨까?" 했더니 스스로 제목을 생각해내 "선생님 이건 어때요?"하고 열심히 꾸미는 모습이 참 기특했다.

▎패들렛을 활용한 학습 계획의 공유 : 자기 주도적 학습 동기의 부여!

학생들은 '이번 주 공부할 내용'과 재단장한 클래스룸을 참고해 자기만의 학습 계획을 수립했지만, 교사는 물론 학생들끼리도 서로 계획을 알기 어려웠다.

패들렛에 날마다 작성하는 배움일지

'운동처럼 공부도 혼자보다 여럿이 함께하는 것이 의욕도 더 생기고, 힘들 때 서로 기운을 얻을 수 있지 않을까? 학습 계획이나 진행 모습도 공유하면 좋은 시너지 효과를 낼 수 있지 않을까?'

이런 생각으로 자기 주도 학습의 동기 부여를 위해 패들렛을 활용한 배움일지 작성을 시작했다. 서로의 학습 계획을 공유하고 독려하려는 목적이었다.

배움일지는 패들렛의 셸프(컬럼마다 콘텐츠를 쌓아 배치) 서식으로 만들었다. 컬럼마다 모둠 배정 후 이름을 써두면 학생이 어느 자리에 배움일지를 추가할지 알 수 있다. 패들렛에 만든 양식은 날마다 작성하는 출석 확인 콘텐츠에 링크로 연결했다. 학생들은 패들렛에 학습 시작전, 혹은 하루 학습 완료 후 배움일지를 작성했다. 월요일은 빨강, 화요일은 노랑, 수요일은 초록, 목요일은 파랑, 금요일은 보라색으로 요일별 색상을 지정해주니 어떤 요일에 배움일지가 많이 올라오는지도 살펴볼 수 있었다. 컬럼마다 모둠이 지정된 덕에 어떤 모둠이 가장 열심히 올리는지도 보였다. 매일 배움일지를 작성하며 교사와 친구들이 서

① 학생의 선택권이 많아질수록, 생각지 못한 다양한 모습을 볼 수 있을 거라고 각오해야 합니다.
② 인내를 갖고 학생이 열심히 하는 부분을 잘 찾아서 꼭 칭찬과 격려의 피드백을 합니다.
③ 학생들의 속도에 조바심 내지 말고 천천히 기다려줍니다.

로 격려하고, 학습에 열심히 참여하는 학급 분위기를 만들었다.

이처럼 블렌디드 러닝 기반 프로젝트 학습을 위한 자기 주도 학습 환경에 대해 많이 고민하고 여러 방법을 시도했지만, 그럼에도 불구하고 자기 주도 학습의 길은 멀고도 험했다. 모든 학생이 교사 마음처럼 할 일을 먼저 끝내고 휴식을 취하지는 않기 때문이다. 그렇기 때문에 학생의 다양한 성향을 알고 존중하는 교사의 태도가 필요하다. 배움일지 작성 모습만 보아도 학생들의 서로 다른 면면을 느낄 수 있었다. 어떤 학생들은 주로 주 초반에 열심히 하고, 또 어떤 학생들은 주말이 임박해 열심히 한다. 또 다른 학생들은 휴식과 학습을 교대로 배치하기도 한다. 몇몇은 '하루(이틀 이상) 정도는 놀아야지!' 생각하며 일주일 학습을 하기도 한다.

초반에는 '따로 연락해서 미리 좀 해놓으라고 해야 하나? 이걸 괜히 했나?' 하는 생각이 들었지만, 모두 자기 주도 학습 습관을 만들기 위한 과정이라고 생각하고 꾹 참았다. 정말 꾹 참았다. 자기 주도 학습에서 교사의 최선은 학생들의 학습 계획을 칭찬하고, 격려해주면서 소통하는 것뿐이었다.

의외로 신기했던 점은, 자기 주도 학습 환경을 만들어준 뒤 완료된 학습의 비율이 높아졌다는 것이다. 오늘 못한 학습을 이미 밀린 과제라기보다는 앞으로 해야 할 학습이라 생각했기 때문일까? 아니면 원격 수업에 차츰 적응했기 때문일까? 1학기 말 학급의 학부모를 대상으로 한 설문에서는 이런 응답을 확인했다.

Q. 우리 학급에서는 스스로 과제량과 과목을 정해 수행하는 자기 주도적 학습을 독려했습니다. 이것의 시행 후 달라진 점은 무엇입니까?

- 자기 주도적 학습으로 진행한 후에는 그날그날 과제량을 조절할 수 있어서 좀 더 수월하게 학습했습니다.

- 과제의 양을 어떻게 분배해 공부해야 하는지에 대해 많이 생각하고 완수하려고 노력하는 것 같습니다.

- 아이 스스로 학습 시간을 배분하고 자기 주도 학습을 즐겁게 하게 된 것입니다.

- 스스로 계획표를 짜서 지키려고 노력합니다.

- 생각이 좀 더 깊어지고 계획성이 생긴 것 같습니다.

- 학교에 가지 않고 온라인 수업만 해서 많이 걱정했는데 과제량을 정하고 그 과제를 스스로 해결하는 습관이 잡힌 것 같아 가정에서는 오히려 만족했습니다.

- 어려워하는 것 외에는 스스로 과제를 해결하는 습관이 생기고 있는 것 같다.

- 과제를 정해놓으니 다른 공부도 오늘 마쳐야 할 부분에 신경 씁니다.

- 조금 몰아서 하려는 경향이 있습니다.

처음에는 자기 주도 학습이 부담스러웠지만, 막상 시작하자 스스로 결정하고 실천하는 즐거움을 깨달았다는 학생이 많았다. 여유 부리다가 일요일 밤늦게 학습 결과를 제출하는 학생도, 여전히 밀리는 학생도 있었지만 스스로 학습이 쉽지 않다는 것, 그래도 열심히 하면 더 보람차다는 걸 친구들과 함께 배워나갔다. 학생들의 태도와 마음이 달라지는 데는 적지 않은 시간이 걸렸지만, 조금씩 생긴 변화가 학부모에게도 전해졌다는 생각이 드는 설문 결과였다.

프로젝트 학습을 위한 질문 탐구

많은 학생이 생각을 바탕으로 궁금증을 가지는 것, 그 궁금증을 문장으로 표현하는 것을 생각보다 어려워한다. 평소에 다양한 질문을 접하지 못했고, 실제로 질문을 던져보지도 않아서 그렇다. 그래서 보통 학기 초 본격적인 학습 시작 전, 다양한 질문 만들기 기법을 학생들에게 알려주고 함께 질문을 만들어본다. 질문 탐구를 하면 학습자 질문으로 프로젝트 학습 계획을 수립하는 과정이 더욱 의미 있고 치열한 시간이 될 수 있다.

수업 형태	교과	학습 주제	학습 활동
과제 수행 중심	창·체	다양한 방법의 질문 기법 탐구	1. 질문의 힘 알아보기
과제 수행 중심			2. 3단계 질문 만들기
과제 수행 중심 실시간 쌍방향			3. 꼬리 물기 질문 만들기
과제 수행 중심 실시간 쌍방향			4. 질문 카드를 활용한 질문 만들기

한난희

질문의 힘을 알아봅시다.

1. '질문의 힘'에 관한 영상을 살펴봅시다.

 지식채널e

2. 오늘 하루 동안, 혹은 최근 나는 어떤 질문이나 궁금증을 가졌는지 답변에 기록하여 제출합니다.

 김택준
코로나19 바이러스는 왜 빠르게 전파될까? 코로나19 바이러스 백신은 왜 빨리 만들어지지 않을까? 게임을 하면 왜 시간이 빨리 가는 것 같을까?

 유예서
저는 "사람은 어떻게, 왜 감정을 느낄까?"라는 궁금증이 있었습니다.

 이민재
사람이 일주일 동안 물 없이 살 수 있을까?

 이예진
내가 진정으로 하고 싶은 것은 무엇일까?

 이주영
'왜 반려동물은 사람이 가는 곳을 못 가고, 서로 갈 수 있는 식당, 병원 등이 다를까?'라는 생각이 들었다.

 이준영
제가 최근에 가진 궁금증은 '우주의 끝은 있을까?'입니다.

 이준희
최근 지구의 이야기를 담은 다큐 〈인사이트 23.5도〉를 보고 '지구와 인류는 어떻게 탄생했을까?' 하는 궁금증이 생겼다.

질문의 힘 알아보기

질문 기법 탐구의 첫 번째 목표는 질문의 힘을 알아보고, 평소 질문하는 자세를 돌아보는 것이다. 두 번째 목표는 다양한 질문 만들기 기법 중 학급에서 가장 많이 사용하는 질문 만들기 기법을 알아보고 활용해보는 것이다. 그래서 원격 수업 콘텐츠로 질문에 대한 과제를 던졌다. '질문의 힘'에 대한 영상을 보고 최근에 가진 궁금증 또는 질문이 무엇인지 답변하는 과제였다.

질문이 없다고 대답한 학생도 있었지만, 전반적으로 주변의 현상이나 자연의 법칙, 우리 행동이나 마음에 대한 궁금증을 담은 다양한 질문을 살펴볼 수 있었다. 평소에 학생들이 어떤 생각을 하는지, 무엇이 최근 관심사인지도 알 수 있었다.

3단계 질문 만들기

질문을 응답의 형태에 따라 세 가지 단계로 구분한 기법으로 학생들이 비교적 쉽게 배우고 활용한다. 어느 과목에서든 교과서의 제재 글이나 수집한 텍스트를 파악하고 분석할 때 활용할 수 있어 학기 초마다 학생들과 꼭 배우고 활용했다.

첫 번째 단계, 질문의 응답에 따라 답이 한 개이거나, '예', '아니오'와 같이
　　답이 두 가지로 나누어지는 질문
두 번째 단계, 단답형으로 끝나지 않고 이유를 설명해야 하는 질문
세 번째 단계, 정답이 없으며 여러 가지 생각을 하게 만드는 질문
　– 하브루타 수업 연구회, 《질문이 있는 교실》(경향비피, 2015)의 재구성

3단계 질문 만들기 기법은 첫 번째부터 세 번째 단계까지 질문의 답에 접근해가면서 학습 내용에 대해 깊이 고민하게 된다. 모든 단계의 질문이 학습에 필요하므로 점수로 접근하거나 세 번째 단계의 질문만 강조하지 않는다. 마치 계단을 오르는 것처럼 낮은 계단부터 천천히 확

 생각을 키우는 다양한 질문 알아보기

최근에 인상 깊게 읽은 책을 떠올려봅시다. 그리고 세 가지 단계의 질문을 만들고 답해봅시다.

〈 예시. '심청전'을 읽고 〉
1단계 질문: 등장인물은 누구입니까? 주인공은 빠진 곳은 어디입니까?
2단계 질문: 주인공이 인당수에 몸을 던진 까닭은 무엇입니까? 심학규는 어떻게 눈을 뜨게 되었습니까?
3단계 질문: 주인공이 인당수에 몸을 던진 것은 옳은 판단입니까? 내가 부모님을 위해 할 수 있는 효도에는 무엇이 있을까요?

《늑대가 된 아이》를 읽고
작성자: 신효빈

구분	질문	답
1단계	로만은 뤼시를 위해, 무엇으로 변했나요?	늑대
2단계	1. 로만이 늑대로 변한 까닭은 무엇입니까? 2. 뤼시는 어떻게 건강을 되찾을 수 있었나요?	1. 뤼시의 영혼을 되찾으려고. 2. 늑대로 변장해준 덕분에.
3단계	1. 로만이 뤼시를 위해 늑대로 사는 것은 옳은 판단일까요? 2. 내가 친구를 위해 할 수 있는 일은 무엇이 있을까요?	1. 친구를 위해 잠시 늑대로 사는 것은 괜찮겠지만, 평생 늑대로 사는 것은 옳은 판단이 아니라고 생각합니다. 2. 어려운 상황이면 도와주기.

학생이 만든 3단계 질문과 답

인하며 올라야 한다고 학생들에게도 안내한다.

질문 기법 탐구를 위해 3단계로 분류한 질문 예시에 더해, 학생들이 직접 짧은 질문을 만들고 풀어보는 활동을 탑재했다. 과제 수행 중심 수업 덕에 학생들은 어렵지 않게 3단계의 질문을 만들고 스스로 질문의 답을 찾아봤다.

▌ 꼬리 물기 질문 만들기

두 번째 질문 기법으로 '꼬리 물기 질문'을 탐구했다. 김현섭,《질문이 살아 있는 수업》(2015)에 따르면 계속 "왜?"라고 질문함으로써 더 깊은 생각으로 유도하는 기법으로, 주제를 깊이 이해하는 데 도움이 된다. 이 질문법은 근거와 이유를 비판적으로 검토하게 하고 생각의 깊이와 폭을 심화시키기도 한다.

역시 과제 수행 중심 수업으로 질문 기법을 알아보고, 직접 작성한 질문과 그 질문의 답을 제출하도록 했다. 어찌어찌 해내는 학생도 있었지만, 피드백이 필요한 학생도 많았다. 두 번째 질문 기법 탐구 과정에서는 이런 부분을 예상했기 때문에 실시간 쌍방향 수업에서 전체적으로 피드백하고, 학생들끼리 협력해 질문을 만들도록 했다.

함께하는 질문 만들기 활동 후에 '꼬리 물기 질문이 이렇게 재미있는지 몰랐다', '친구들과 질문을 함께 만드니 더 쉽게 느껴졌다' 같은 답변을 확인할 수 있었다. '하면 할수록 시간 가는 줄 모르고 계속하게 된다'라는 친구도 있었고, '꼬리 물기 질문에 대해 알 수 있어서 좋았다'라는 학생도 있었다.

한난희

책이나 신문 기사를 보고 질문을 한 가지 떠올려봅시다. 질문의 답을 찾아 나가며 '왜'(꼬리 물기) 질문을 해봅시다. "왜?"라는 질문을 계속하면 더 깊은 생각으로 유도되며 주제 이해에 도움이 됩니다. 다음은 '왜'(꼬리물기) 질문의 예입니다.

– 왜 대리석이 빨리 부식될까? – 대리석을 비눗물로 자주 씻기 때문에

– 왜 비눗물로 씻는가? – 비둘기의 대변이 너무 많기 때문에

– 왜 비둘기가 많은가? – 비둘기가 좋아하는 거미가 많기 때문에

– 왜 거미가 많은가? – 밤에 거미의 먹잇감인 나방이 몰려들기 때문에

– 왜 나방이 몰려드는가? – 밤에 건물 내 등이 켜지기 때문에

 김도언

1why 코피는 왜 날까? −몸이 피곤하기 때문에 난다.
2why 피곤하지 않으려면 어떡해야 할까? −휴식이 필요하다.
3why 휴식은 어떻게 해야 하나? – 충분한 수면이 좋다.
4why 충분한 수면을 취하려면 어떻게 해야 하나? – 적절한 운동이 필요하다.
5why 적절한 운동으로는 어떤 것이 있나?– 너무 힘들지 않은 걷기가 좋다.

 김택준

1why 봄철 사람들이 왜 마스크를 쓸까? −하늘이 회색빛이기 때문에
2why 왜 하늘이 회색빛일까? −황사와 미세먼지 때문에
3why 미세먼지는 왜 생기는 걸까? −자동차 배기구나 화력발전소, 공장에서 흘러나오는 매연과 봄철 중국에서 오는 미세먼지와 황사 때문에
4why 왜 중국은 미세먼지와 황사가 심할까? −많은 사막과 밀집된 공장에서 많은 양의 매연이 나오기 때문에
5why 왜 중국은 공장과 사막들이 많을까? – 땅이 넓은데, 도시에 인구가 몰려 나머지 땅은 사막이 되고 도시에는 공장이 몰려 있기 때문에

▎질문 카드를 활용한 질문 만들기

과제 수행 중심 수업에서 당시(2020년 1학기)에 사회적으로 중요한 이슈였던 '사회적 거리두기'를 주제로 질문을 만들어봤다. 학생들은 원격 수업 콘텐츠에 교사가 제작해서 탑재한 질문 카드를 참고로 다양한 질문을 쉽게 만들었다.

이어지는 실시간 쌍방향 수업에서는 우리가 앞으로 함께 수업할 '프로젝트'를 주제로, 질문 카드를 사용해 모둠별로 질문 만들기 연습을 했다. 지금까지 함께 탐구한 기법과 카드로 만든 질문이 많이 활용되도록 구글 미트 화상회의에서 모둠별로 피드백도 했다.

▎질문 만들기 수업의 요령

다른 토의 토론 구조 수업도 마찬가지지만, 질문을 만들 때도 각자 정리할 시간이 필요하다. 이때 질문 기법과 관계없이 떠오르는 질문도 모두 허용해줘야 한다. 지금까지 함께 배운 질문 기법은 질문 만들기를 돕는 도구일 뿐이니까. 우리 반에서는 크게 세 단계로 질문 만들기를 했다. 다음 장부터 소개할 세 가지 프로젝트 수업에서 이 방법들이 어떻게 적용되고 발전되었는지 볼 수 있다.

첫째, 주제에 대해 아이디어를 나눈다. 주제에 대해 가지고 있는 생각, 아이디어를 나눈다. 단어로 써도 좋고 문장으로 써도 좋다. 모두 함께 패들렛으로 작성하거나, 교사가 판서하면서 함께 확인하면 친구들의 생각과 배경지식을 확인하기 좋다.

둘째, 함께 꺼낸 아이디어를 보며 떠오르는 궁금증을 질문으로 정리한다. 개인별로 질문을 만들고, 모둠 친구들과 질문을 나누며 발전시킨

한난희

질문 카드로 질문을 만들어봅시다! 아래 자료에는 **SOLO** 질문을 쉽게 만드는 마법의 문장이 담겨 있습니다. 물론 이 마법의 문장은 여러분이 변형해서 사용할 수도 있습니다. 그렇게 된다면 수십 가지 질문도 만들 수 있겠지요. 아래 자료를 활용하여 질문을 만들어 제출합시다. 주제는 '사회적 거리두기' 입니다.

조사 질문	~은/는 무엇인가? (개념)	~은/는 무슨 뜻인가? (의미)	(기타 육하원칙을 통한 질문 만들기)
연결 질문	~의 원인은 무엇인가?	~의 효과/결과는 무엇 입니까?	~는 ~와 어떤 점이 비슷한 가?
	~는 ~와 어떤 점이 다른 가?	어떤 단계/순서로 일 어났는가?	~와 ~가 어떻게 연결되는 가?
실천, 적용 질문	~을/를 어떻게 생각하는 가?(평가)	~을/를 한마디로 한 다면?(총정리)	~는 어떻게 될까?(예측)
		~에 대한 나의 새로운 생각은?(관점)	~을 위해 할 수 있는 것 은?(실천)

 박지율
사회적 거리두기란 무엇인가? 사회적 거리두기의 원인은 무엇인가? 사회적 거리두기를 실천한다면 어떻게 될까?

남제현
사회적 거리두기를 하면 어떤 게 달라질까?

허은찬
사회적 거리두기를 하는 이유는 무엇일까?

이주영
사회적 거리두기를 해도 방문지 등에서 전염이 가능한데 어떻게 막을까? 이것을 다른 재난에도 사용 가능할까?

임우정
사회적 거리두기의 효과는?

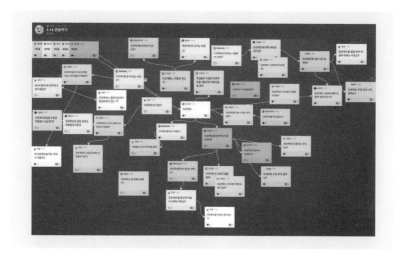

다. 모둠의 구글 미트 화상회의방에서는 질문을 발전시키는 과정의 중요성을 강조한다. 서로 질문을 공유하면 꼬리 물기 질문뿐만 아니라 더 깊이 생각해야 하는 발전된 질문이 떠오른다. 패들렛에 질문을 작성하기 전, 모둠별 색깔을 미리 지정해놓으면 발표할 때 구분하기도 편하다.

셋째, 패들렛에 써서 발표한다. 패들렛을 활용해서 정리한 질문을 공유한다. 여러 질문을 비교해보고 다듬거나 정리한다.

본격적인 프로젝트 학습 시작 전, '프로젝트'에 대한 학생들의 생각, 궁금증을 질문으로 만들어봤다.

'프로젝트와 교과서 공부는 어떤 점이 비슷하고 무엇이 다른가?'

'프로젝트의 효과는 무엇일까?'

'프로젝트 수업 후, 나의 변화는?'

질문을 만들고, 생각한 나름의 답을 이야기하면서 프로젝트 수업의 좋은 점과 유의할 점, 기대되는 점 등을 자연스럽게 공유할 수 있었다.

첫 번째 프로젝트
'나와 너, 우리'

프로젝트 소개

'부캐'라는 말에 모두 점점 익숙해지고 있다. 멀티 페르소나 문화가 우리 삶에 스며들고 있는 것이다. 그런데 여러 개의 사회적 가면이 개인에게 긍정적인 역할을 하려면 개인의 정체성이 더욱 단단해야 하지 않을까? 마침 5학년 교육과정에서 관련된 내용을 살펴볼 수 있었다. '나'와 '우리', '우리의 국토', '역사'까지.

'나와 너 우리'는 개인과 공동체의 정체성 인식을 위해 구상한 수업이다. 서로의 모습을 인식하고, 나와 다른 모습을 존중하며, 건강하게 성장하기를 바라는 마음으로 교육과정 내용을 재구성했다. 사춘기를 겪기 시작하면서 달라진 몸과 마음의 변화를 인식하는 것부터 다양한 성장 모습을 알아보고 표현하는 것까지 말이다. 마지막으로 달라진 스스로의 모습을 받아들이고, 건강하게 성장하는 방법까지 탐구했다. '나'와 '너'의 건강한 성장이 건강한 '우리'의 공동체를 만든다는 점을 인식시키고, 다음 프로젝트의 배움으로 이어지길 바라는 마음이었다.

나와 너 우리

국어	도덕	실과	체육
(5-1) 1. 대화와 공감	(5-1) 2. 내 안의 소중한 친구	(5-1) 1. 나의 성장과 발달	(5-1) 2. 건강 체력을 길러요

프로젝트 단계	학습 주제	교과
기반 활동	• 성장, 사춘기와 관련된 경험에 공감하며 대화하기	국어
질문으로 학습 계획 수립하기	1. 프로젝트 주제와 관련된 아이디어 꺼내기 2. 관련 아이디어를 보고 떠오르는 궁금증을 질문으로 만들기 3. 질문으로 학습 계획 수립하기	과목 심화보충
내용의 학습 및 조사, 수집	• 발달의 특징과 개인차 알아보기	실과
	• 아동기의 성적 발달 알기	실과
	• 감정의 조절 및 올바른 자기표현에 대해 알아보기	국어, 도덕
	• 건강 체력을 기르는 방법 알아보기	체육
생각 연결 짓기 활동	• 서로 공감하며 대화하기	국어
	• 성장과 관련된 다양한 요소가 서로 어떤 영향을 주고 받을지 생각하기	실과, 체육, 도덕
내용의 적용/실천, 결과물 산출	• 올바른 자기관리 방법 만들기	실과
	• 건강을 유지하기 위한 체력운동 계획해 실천하기	체육
발표 및 성찰	• 프로젝트 학습 결과 발표하고 활동 소감 나누기	과목 심화보충

기반 활동
보이는 라디오

수업 형태	교과	학습 주제	학습 활동
실시간 쌍방향 [틈새시간]	국어	서로 공감하며 대화하기	성장, 사춘기와 관련된 경험에 공감하며 대화하기

 학생들이 공감하며 참여하는 원격 수업을 만들려면 기반 활동은 필수다. 그래서 원격 수업에서도 가능한 책 읽기 활동을 기반 활동으로 선택했다. 프로젝트 관련 도서로는 《사랑이 훅》(창비, 2018)을 골랐다. 5학년들이라 '사춘기'란 단어에 공감하는 부분이 많을 것 같아서였다.

 우리 학교(경인교대 부설초등학교)의 경우, 원격 수업 시작 초반 실시간 쌍방향 수업을 일주일에 2회 운영했다. 실시간 쌍방향 수업일, 학생들에게 수업 5분 전 미리 입장하도록 해서 〈보이는 라디오〉를 진행했다. 프로젝트 시작 전, 제한된 시간 내에 관련 도서의 중요 부분을 함께 공유해야 하므로 발췌해서 읽어줄 부분은 미리 골라뒀다. 프로젝트의 성

197

취기준과 맥락이 닿고, 학생들이 흥미 있어 할 만한 부분으로.

학생들이 한창 집중해서 듣고 있을 때 가장 재미있는 부분에서 이야기를 멈췄다. 그다음에 앞으로는 어떻게 진행될지, 어느 부분이 재미있었는지 이야기를 나눴다. 성취기준과 관련 있는 개념에 대해서는 조금 더 이야기 나누기도 했다. 그러면 다음 보이는 라디오 시간에는 더 높은 참여율로 실시간 쌍방향 수업에 미리 참여하기도 했다. 소설 속 인물들의 사춘기, 연애가 어떻게 될지 흥미진진한 모양이었다.

실시간 쌍방향 수업 사이의 틈새시간에 〈보이는 라디오〉를 잘 진행하려면 몇 가지 요령이 필요하다.

첫째, 〈보이는 라디오〉 진행 전 책을 읽어줄 총 횟수를 확인해야 한다. 프로젝트 학습을 시작하기 2주일 정도 전부터 읽어주면 많은 횟수를 확보할 수 있다. 정신없이 진도를 나가다 보면 다음 프로젝트의 책 읽어줄 타이밍을 놓칠 수 있으니 미리 일정을 체크하자.

둘째, 읽어줄 내용에 성취기준이나 중요 개념에 내용이 포함되는지 확인한다.

셋째, 실시간 쌍방향 수업으로 경청하면서 너무 긴 시간 집중하기 힘들다. 5분 내외로 정도 읽어주는 것이 좋다.

넷째, 이야기의 다음 부분을 학생들과 함께 상상해보는 것도 좋다. 모두 함께 가볍게 이야기해볼 수도 있고, 과제로 제시해 내용에 대해 깊이 고민할 기회를 줄 수도 있다.

《사랑이 훅》을 읽으며 우리 반 학생들은 사춘기에 겪고 있는 감정을 이야기했고, 등장인물들은 어떻게 성장할지 상상해봤다.

프로젝트 학습 계획 수립
학습자 질문으로 만드는 탐구 계획

수업 형태	교과	학습 주제	학습 활동
실시간 쌍방향	과목 심화보충	주제와 관련된 궁금증을 질문으로 만들기	1. 프로젝트 주제와 관련된 아이디어 꺼내기 2. 관련 아이디어를 보고 떠오르는 궁금증을 질문으로 만들기 3. 질문으로 학습 계획 수립하기

질문으로 학습 계획을 수립할 때에는 사고를 시각화하는 방법(Visible Thinking[*]) 중 '생각-퍼즐-탐색(Think-Puzzle-Explore)' 루틴을 재구성해 활용했다. 학생의 사고 과정을 시각화해서 학습 효과를 더하는 기법이다. 머릿속에서만 생각하지 않고 생각을 눈에 보이는 형태로 공유해서 더 좋은 질문을 만들 수 있도록 도와준다.

---

[*] Visible Thinking은 사고를 시각화하여 학생의 메타인지를 향상시키고자 하는 교수학습법으로 학생의 사고 과정을 시각화하기 위한 다양한 루틴을 제시한다. (참고 사이트: https://pz.harvard.edu/thinking-routines)

▎프로젝트 주제와 관련된 아이디어 꺼내기

프로젝트 주제와 관련된 아이디어를 꺼내기 위해 주제어를 선정한 뒤, 패들렛을 활용한 과제 수행 중심 수업을 했다. 패들렛을 준비하고 온라인 과제로 탑재하니 스스로 다양한 기능을 익혀서 가르쳐주지 않아도 사진이나 영상을 첨부하는 친구들도 있었다.

▎관련 아이디어를 보고 떠오르는 궁금증을 질문으로 만들기

학생들이 작성한 패들렛의 내용을 함께 살펴보니 공통으로 많이 나오는 아이디어가 있었다. 이러한 아이디어들이 프로젝트의 운영 의도와 성취기준의 달성과 관련 있을 때, 그 부분을 강조해서 이야기를 나눴다. 만약 프로젝트 운영 의도와 성취기준 달성에 필요한 아이디어가 탑재되지 않았다면 그러한 부분을 교사가 살짝 짚어주며 이야기를 나누면 된다. 이어서 아이디어에 대한 궁금증을 모둠 친구들과 질문으로 만들도록 했다.

모둠별 구글 미트 화상회의로 이동하기 전에 개별 질문을 만드는 과정이 필요하다. 이미 질문 만들기 기법을 여러 번 활용했기 때문에, 만들기 전 다양한 기법을 짚어주면 도움이 된다. 한두 개의 질문을 개별로 만들 때는 모두 눈을 감고 적당한 질문이 떠오른 학생만 눈을 뜨기로 한 적도 있다. 이런 과정을 통해 학생들이 질문 만들기에 익숙해지면 노트에 몇 가지 이상 질문을 만들고 스스로 모둠방으로 이동하도록 할 수도 있다.

학생들은 모둠별 구글 미트 화상회의에서 각자 만든 질문을 차례로 발표하고, 서로 질문을 들으면서 꼬리에 꼬리를 무는 질문을 만들거나,

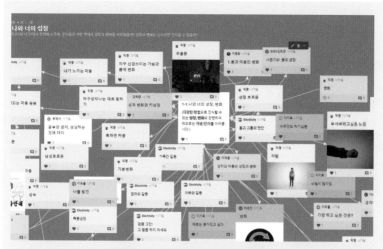

주제어 '나와 너의 성장'으로 꺼낸 아이디어

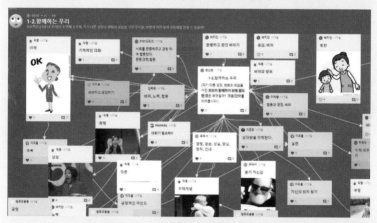

주제어 '함께하는 우리'로 꺼낸 아이디어

모둠별 구글 미트 화상회의에서 질문을 만드는 모습

다른 친구의 질문과 비교하며 더 발전된 질문을 만들었다. 교사가 첨부한 질문 카드로 질문을 더 만들기도 했다.

▌질문으로 학습 계획 수립하기

질문을 모을 차례이다. 학습 계획의 수립을 위해 패들렛에 동시에 접속해 만든 질문을 올리도록 했다. 먼저 친구들과 함께 만들었던 질문 중 배울 가치가 있다고 생각하는 질문, 모두가 관심을 가질 만한 질문을 두세 가지 마음속에 뽑도록 했다. 그다음은 동시에 패들렛에 질문 올리기!

질문 기법을 탐구하고, 프로젝트 주제와 관련된 아이디어도 꺼내 보고, 모둠과 협력한 효과가 크긴 컸나 보다. 질문이 많아도 너무 많았다. 비슷한 질문도 참 많았다. 천천히 다른 친구들의 질문을 살펴보면서 올리기로 했지만 다들 '내가 먼저 올리면 되니까!' 생각한 모양이다. 그나저나 이 많은 질문… 대체 어떻게 정리해서 학습 계획으로 완성하지?

학생들과 하나하나 살펴보며 질문을 정리하려 했지만, 결국엔 시간이 모자랐다. 아쉽지만 정리가 덜 된 부분은 교사가 마무리해 구글 클래스룸에 공지했다. 다음 학습 계획 수립하기에 고민이 많이 필요할 듯 싶었다. 어쨌든 함께 만든 질문이 학습 계획에 반영된 모습을 보고 학생들은 모두 충분히 성취감을 느꼈다. 원격 수업으로도 이렇게 질문을 만들고, 직접 학습 계획을 세울 수 있다는 점에 스스로 감탄하며 교사도 학생도 앞으로 이어질 블렌디드 러닝 기반 프로젝트 학습에 대한 의욕에 불타올랐다.

내용의 학습 및 조사·수집
인터넷 등 매체를 활용한 내용 조사

수업 형태	교과	학습 주제	학습 활동
과제 수행 중심	체육	건강 체력을 기르는 방법 알아보기	1. 다양한 건강 체력을 기르는 방법 알아보기 2. 나만의 운동 방법 소개하기

　인터넷으로 정보를 검색하고 모을 때는 온라인 플랫폼에서 활용 가능한 프레젠테이션이나 구글 사이트도구를 활용했다. 처음에는 교사가 모둠별 프레젠테이션이나 구글 사이트도구를 만들어놓고 활용법을 안내한 뒤 함께 협력해 만들도록 했으나 이것은 크나큰 실수였다. 과제 수행 중심 수업으로 내용을 조사하고 수집할 경우, 각자 학습 시간이 다른 데다 협업이 필요한 상황에서는 누가 열심히 하는지 알 길이 없다. 결국 학생 대부분이 '나 말고 다른 친구가 하겠지?' 생각해버렸다.

　몇 명의 학생과 교사가 힘든 과정을 겪고 난 후, 과제로 수행해야 할

유연성

활 자세

- 목 뒷면이 강화된다.
- 어깨, 가슴, 허리 유연성이 향상된다.

낙타 자세

- 등 유연성이 강화된다.
- 몸 앞면이 스트레칭 된다.

근력 및 근지구력

근력 운동 - 런지

런지는 몸의 전체적인 균형과 중심을 잡아주는 운동입니다. 런지 자세를 취하려면 한쪽 발은 앞으로, 반대쪽 발은 뒤로 뺀 다음 무릎을 구부리면 됩니다. 이때 앞발은 무릎의 각도가 90도가 되도록 구부리고, 뒷발은 무릎이 바닥에 닿기 직전까지 구부려야 합니다.

근지구력 운동 - 짐볼 브릿지

짐볼 브릿지는 햄스트링(허벅지 뒤쪽의 근육과 힘줄)을 이용하여 밸런스를 맞추는 운동입니다. 앞뒤 방향의 근육을 모두 이용해 밸런스를 맞추는 것이 다양한 각도에서 골반 밸런스를 무너뜨리지 않고 안전하게 운동할 수 있게 합니다.

학생이 조사해 프레젠테이션에 정리한 건강 체력 증진 방안 프레젠테이션의 틀 안에 페이지당 조사를 맡을 학생 이름과 조사할 내용, 간략한 과제 설명 등을 기록했다. (모둠 혹은 개인이 과제 수행 중심 수업으로 내용을 조사할 때도 마찬가지다!) 확실한 역할이 생기자 학생들은 성실하게 조사했고, 여기에 본인의 개성을 더해 자료를 완성했다.

구글 사이트도구를 활용한 자료 정리에서도 마찬가지로 학생별로 내용 입력 틀을 만들어주고, 예시 자료를 탑재해 과제의 원활한 수행을 도왔다. 학생들은 대체로 어려움을 느끼지 않고 적극적으로 참여했다.

생각 연결 짓기
생각을 정리하는 토의 토론

수업 형태	교과	학습 주제	학습 활동
과제 수행 중심	국어	서로 공감하며 대화하기	1. 사춘기, 우리의 고민 꺼내기
실시간 쌍방향			2. 고민 상담소 열기 3. 최고의 고민 상담사 추천하기

'나의 몸과 마음을 건강하게 하는 방법' 중 '공감하는 대화법'을 알아 봤다. 내용을 알아봤으니 이번에는 연습하고 내 것으로 만들 차례이다. 실제로 공감하기 위한 말을 생각하고, 어떤 말이 가장 친구의 마음에 가닿을 수 있을까 이야기해보기 위해 실시간 쌍방향 수업을 2차시로 진행했다.

첫 시간에는 '우리들의 고민'을 주제로 삼았다. 학생들은 패들렛에 사춘기가 되며 겪은 고민을 익명으로 털어놨다. '반응하기' 기능을 활용하

고민 상담소에서 함께 고민한 내용

면 패들렛에서 투표도 가능하다. 이 기능을 이용해서 가장 공감되는 고민을 꼽아봤다.

두 번째 시간에는 모둠별로 한 가지씩 고민을 정해 구글 미트 화상 회의방으로 출동했다. 어떤 말이 친구의 마음에 가장 가닿을까 고민하고 또 고민해 함께 고른 말로 〈고민 상담소〉 라디오 진행을 준비했다. 다시 학급 친구 모두와 모인 자리에서 우리 반은 〈고민 상담소〉를 열었다.

라디오 DJ처럼 진행하자고 철판 깔고 시범을 보이니 몇몇 아이가 낄낄 웃는다. 발표를 쑥스러워하기도 했지만, 모둠 친구들과 고민한 내용은 참 따뜻한 말이었다. 수업 후 '최고의 고민 상담사는 누구일까?' 하는 질문에 여러 명이 추천받았지만 가장 많은 학생이 고개를 끄덕인 추천은 '우리 모두!'라는 답이었다.

내용의 적용/실천, 결과물 산출
구글 사이트도구로 모둠신문 제작

수업 형태	교과	학습 주제	학습 활동
콘텐츠 활용 중심	실과	올바른 자기관리 방법 만들기	1. 프로젝트 학습 내용에서 보물찾기
실시간 쌍방향			2. 자기관리 비법 신문 만들기

　결과물 산출 단계에서는 그동안 프로젝트에서 학습한 내용을 본격적으로 활용한다. 학급의 친구들은 새롭게 접한 구글 사이트도구로 '모둠신문'을 만들자고 제안했다. 신문 만들기를 위해 먼저 지금까지의 프로젝트 학습 내용을 살펴보고 중요한 내용을 찾는 보물찾기 활동을 콘텐츠 활용 중심 수업으로 진행했다.

　본격적인 모둠신문 만들기는 실시간 쌍방향 수업으로 진행했다. 모둠신문을 만들 때 활용한 구글사이트도구는 함께 만들 수 있는 웹페이지라고 생각하면 된다. 글을 입력할 수 있을 뿐만 아니라, 페이지의 구

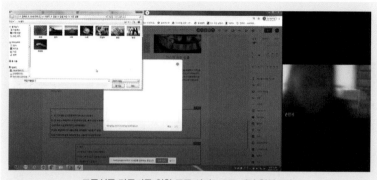

모둠신문 만들기를 위한 구글 사이트도구 제작 협업 모습

성도 생각대로 만들어나갈 수 있다. 협업이 가능하다는 큰 장점이 있어 과제 수행 중심 수업으로 진행할 때보다 실시간 쌍방향 수업으로 진행할 때 과정과 결과가 좋았다. 모둠별로 구글 미트 화상회의방에서 함께 이야기 나누며 협업할 수 있으니 내용이 자꾸 변경돼서 시간을 버리는 일이 줄어든다.

잘하고 있을까 기대 반, 걱정 반으로 모둠별 화상회의방에 들어가 봤더니 한 모둠에서는 인터넷에서 딱 좋은 자료를 검색해서 소개하고 있었다. 그냥 읽어줬다면 친구들이 이해하기 어려웠을 텐데, 찾은 자료를 구글 미트의 '발표하기' 기능으로 소개하고 있었다. 검색한 내용을 함께 볼 수 있으니 금방 이야기에 집중하며 신문에 들어갈 내용을 골랐다.

다음 모둠의 화상회의방에서도 깜짝 놀랐다. 클래스룸의 경우 프로젝트의 과정에서 모둠이 함께 작성한 프레젠테이션이나 문서, 이미지가 구글 드라이브에 자동 저장되므로 구글 사이트도구의 '삽입−구글드라이브'를 클릭하면 학습과정에서 만들어낸 내용을 쉽게 찾아 활용할 수 있다. 하지만 아직 알려주지 않았는데, 아이들 스스로 구글 사이트

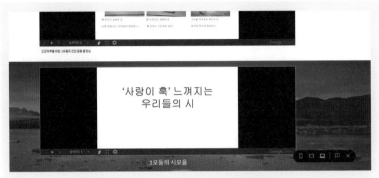

구글 사이트도구에 삽입한 모둠의 프레젠테이션

도구의 장점을 알아채서 쓰고 있었다. 학생들은 그동안 수업 결과물로 만든 자료로 모둠신문의 내용을 구성하고 있었다.

　실시간 쌍방향 수업으로 협업할 때의 가장 큰 장점은 아무래도 친구들과 같이하니 즐겁다는 점이다. 학생들은 얼마나 즐거운지 시간 가는 줄 모르고 신문 만들기에 열중했다. 물론 즐거운 이야기는 산으로 갈 때도 있으므로 모둠별 구글 미트 화상회의방을 차례로 살펴보며 협업을 독려해야 한다.

발표 및 성찰
동학년 프로젝트 발표회

수업 형태	교과	학습 주제	학습 활동
실시간 쌍방향	과목 심화보충	프로젝트 학습 결과 발표하기	1. 프로젝트 학습 결과 발표하기 2. 활동 소감 나누기

프로젝트 과정에서 만든 결과물은 다양한 방법으로 많은 사람과 공유할 수 있다. 우리 학급에서는 다른 학급과 발표 일정을 공유해 각자 프로젝트 학습 결과를 발표하고, 서로 피드백을 주고받기로 했다. 그동안 프로젝트의 학습과정을 모둠 사이트 및 프레젠테이션에 담았기 때문에 실시간 쌍방향 수업으로 발표하기 좋았다. 두 개의 반이 함께 프로젝트 발표회를 준비한 과정은 다음과 같다.

첫째, 구글 미트 화상회의를 두 군데(A, B) 준비해 다른 반 교사와 주소를 공유한다.

한난희

PMI(잘한 점, 아쉬운 점, 흥미로운 점)와 CDI(우리 모둠과 비슷한 점, 다른 점, 흥미로운 점)의 관점으로 구체적인 소감을 작성합니다. 우리가 남긴 프로젝트의 소감은 다음 프로젝트의 밑거름이 됩니다.

김택준
화상으로 프로젝트 발표회를 한다는 게 흥미로웠다. 8시 30분부터 프로젝트를 잘 발표하기 위해 고군분투했는데, 다 하고 돌아보니 아주 뿌듯하다.

이준희
우리가 조사한 것 말고도 다양한 의견을 들을 수 있어서 좋았다. 첫 프로젝트를 화상 수업으로 준비하면서 구글을 이용하여 자료 조사를 정리하고 업로드하는 방법을 배울 수 있었다.

김인령
다른 반의 프로젝트 발표회를 들어보니 잘 몰랐던 점과 각자 다른 생각들을 알 수 있었다. 발표를 들으면서 공감되는 부분도 있었고 다른 생각을 가진 친구도 있어 더 인상 깊었다.

다른 반 친구와 함께하는 프로젝트 발표회

둘째, 실시간 쌍방향 수업 시작 후 학급의 모둠에게 구글 미트 A, B 화상회의의 입장을 안내한다.

셋째, 두 교사 각각 A, B 화상회의에서 프로젝트 발표회를 진행한다.

넷째, 발표회가 끝난 후 참관 소감을 패들렛으로 공유한다.

학년 프로젝트 발표회를 마친 다음에는 패들렛 주소를 공유해 서로의 발표 내용에 대해 못다 한 이야기를 나누었다. 프로젝트 소감도 나누었는데 실시간 쌍방향 수업으로도 프로젝트 결과를 발표해서 성취감이 들었다는 소감, 다른 학급의 프로젝트 내용을 볼 수 있어서 더욱 즐거웠다는 소감을 발표하는 학생들의 얼굴에서 반짝반짝 빛이 났다.

두 번째 프로젝트
'우리 모두 존중받는 터전'

프로젝트 소개

첫 번째 프로젝트에서는 나와 너의 각기 다른 성장 모습을 살펴보고 성장하는 개개인이 '우리'가 됨을 배웠다. 그렇다면 '우리'가 더 행복한 공동체가 되기 위해서는 무엇이 필요할까? 스스로를 소중하게 생각하는 마음과 함께 상대방을 소중히 여기는 마음이 필요하다. 상대를 존중하는 태도가 공동체의 문화가 되면 결국 스스로도 존중받게 되고, 비로소 모두 행복한 공동체가 될 수 있다.

두 번째 프로젝트에서는 행복한 우리가 되기 위해 서로 존중하고, 존중받는 문화를 확산시키고자 했다. 이를 위해 인권의 의미와 중요성, 개개인의 인권이 존중받기까지 얼마나 많은 노력이 있었는지 알아봤다. 더불어 프로젝트 학습으로 누구나 인권을 존중받고 배려하는 문화를 만들기 위해서는 스스로의 노력과 고민이 필요함을 깨우칠 수 있도록 했다.

프로젝트. 우리 모두 존중받는 터전

국어	사회	도덕
(5-1) 2. 작품을 감상해요	(5-1) 2. 인권 존중과 정의로운 사회	(5-2) 6. 인권을 존중하며 함께 사는 우리

프로젝트 단계	학습 주제	교과
기반 활동	□ 인권과 관련된 경험을 떠올리며 이야기 읽기	국어
질문으로 학습 계획 수립하기	1. 프로젝트 주제와 관련된 아이디어 꺼내기 2. 관련 아이디어를 보고 떠오르는 궁금증을 질문으로 만들기 3. 질문으로 학습 계획 수립하기	과목 심화보충
내용의 학습 및 조사, 수집	□ 인권이란 무엇인지 알아보기	도덕
	□ 인권의 변화과정에서 있었던 노력, 제도의 변화 알아보기	사회
	□ 인권 침해 사례 찾아보기	사회
생각 연결 짓기 활동	□ 인권 보호의 실천방안 생각하기	사회
내용의 적용/실천, 결과물 산출	□ 디베이트에 참여해 인권 존중의 마음 기르기	도덕
발표 및 성찰	□ 인권에 대한 생각을 정리해서 글로 표현하기	과목 심화보충

기반 활동
책을 활용한 지름길 활동

수업 형태	교과	학습 주제	학습 활동
실시간 쌍방향 과제 수행 중심	국어	인권과 관련된 경험을 떠올리며 이야기 읽기	1. 인권과 관련된 배경지식 꺼내기
과제 수행 중심			2. 글쓴이의 의도 생각하기 3. 책의 마지막 장면 상상하기

▍인권과 관련된 배경지식 꺼내기

다양한 방법으로 작품을 감상하고, 느낌을 표현하며 프로젝트 주제를 만나고자 인권과 차별에 관한 내용이 담긴 《우산을 쓰지 않는 시란 씨》(천개의바람, 2017)라는 그림책을 골랐다. 시란 씨는 성실하고 친절한 젊은이지만 남들과 생각이 다르다는 이유로 감옥에 갇힌다. 먼저 실시간 쌍방향 수업으로 마지막 장면을 제외하고, 책 표지부터 장면 하나하나 학생들과 충분히 대화를 나누며 함께 읽었다.

선생님

우산을 쓰지 않는다는 제목은 무슨 의미일까요?

학생들

우산을 싫어하는 게 아닐까요?
비 맞는 걸 좋아하는 사람도 있어요.
다른 사람과 성격이 다르다는 것 같아요.

선생님

그림에서 무엇을 발견하고 느꼈나요?

학생들

검정색 배경이 많은 걸 봐서 시란 씨의 우울한
마음을 표현한 것 같아요.

선생님

어떤 대사가 더 숨어 있을까요?

학생들

우리랑 다른 생각을 하는 사람은 불편해!
우리 생각이 맞아!

선생님

이 장면의 인물에게 어떤 말을 해주고 싶나요?

학생들

시란 씨를 모르는 척하다가는
똑같이 될 수 있다고요.

인권과 관련된 배경지식 꺼내기 활동
출처: 《우산을 쓰지 않는 시란 씨》(천개의 바람, 2017)의 북카드

이어서 그림책의 장면과 비슷한 학생들의 경험이나 최근의 뉴스, 배경지식을 꺼내는 과제 수행 중심 수업을 했다. 주요 장면을 패들렛으로 공유하고, 관련된 학생의 경험을 쓰거나 관련된 최근 기사를 찾아 소개했다. 학생들은 과제로 그림책 주제와 관련된 경험 및 기사를 공유함으로써 배경지식을 넓혔다. 참고로 그림책을 스캔하는 것은 저작권 때문에 불가능하기 때문에 해당 출판사에 문의했고, 인터넷 서점의 북카드 이미지를 활용할 수 있다고 확인받아 수업 자료를 만들 수 있었다.

▌글쓴이의 의도 생각하기

책을 읽고 경험과 배경지식까지 꺼내놓은 후에 과제 수행 중심 수업으로 내용을 잘 파악했는지 확인하고, 작가의 의도를 예측하는 질문을 제시했다. 아이들이 답변할 질문 활동지는 구글 독스로 만들어 공유했다. 아이들은 각자 구글 독스에 자기가 생각하는 답변을 입력했다.

프로젝트 지름길 활동 – 글쓴이의 주장 알아보기

시란 씨는 무엇 때문에 잡혀갔습니까?

– 다른 사람과 생각이 다르다는 이유로
– 비가 오는데 우산을 쓰지 않아서

우리 주변에는 시란 씨같이 차별받고, 억압받는 사람들이 많이 있습니다. 어떤 사람들이 시란 씨와 비슷한 상황에 놓여 있을까요?

– 흑인들은 우리와 피부색이 다르다는 이유로 인종차별을 받고 있다.
– 친구들/이유: 자기와 다르다고 다른 친구에게 왕따당하는 친구
– 장애인: 몸이 불편한 사람들을 차별(점자, 장애인 시설 설치하지 않고 일자리 기피현상)

시란 씨에게 필요한 것은 무엇입니까?

– 시란 씨를 도와줄 지인이나 사람들이 필요하다.
– 차별 없는 세상 & 편견 없이 이해하고 존중하는 사회

작가는 무엇을 이야기하고 싶었을까요? 고민하여 써봅시다.

– 내 일이 아니라고 무심히 넘기지 말자. 하나하나가 모이면 큰 힘이 되어 한 사람을 살릴 수 있다.
– 다르다고 차별하는 게 당연하다는 인식을 바꾸고, 사람들의 관심이 인격을 존중하는 데 중요하다는 걸 이야기 하고 싶은 것 같다.
– 관계 없다고 방관하지 말고, 다르다고, 무시하고 차별하지 말자.

작가(글쓴이)의 주장을 하나의 낱말로 표현한다면 어떤 낱말이 가장 적절할까요?

– 이해
– 인권 존중
– 차별하지 말자 / 인격 존중 / 차별 금지

책의 마지막 장면 상상하기

앞의 활동을 하면서 공개하지 않고 아껴둔 마지막 장면으로 '그림책 마지막 장면 상상하기' 과제 중심 수업을 했다. 그림책의 내용을 다시 한 번 떠올리고 내 생각을 바탕으로 뒷이야기를 예측하는 활동이다. 이 활동에서는 그림판과 기능이 비슷한 구글 드로잉을 활용했다. 아이들은 구글 드로잉을 통해 효과적으로 자기가 생각한 마지막 장면을 표현했다.

사람들의 관심과 움직임이 시란 씨를 자유롭게 만드는 장면, 자유로워진 시란 씨가 또 다른 피해자들을 위해 다짐하는 장면, 많은 사람이 다른 생각을 존중하고 손잡는 장면이 아이들이 상상한 그림책의 마지막 부분을 장식했다.

학생들이 상상한 책의 마지막 장면

프로젝트 학습 계획 수립
학습자 질문으로 만드는 탐구 계획

수업 형태	교과	학습 주제	학습 활동
실시간 쌍방향	과목 심화 보충	주제와 관련된 궁금증을 질문으로 만들기	1. 프로젝트 주제와 관련된 아이디어 꺼내기 2. 관련 아이디어를 보고 떠오르는 궁금증을 질문으로 만들기 3. 질문으로 학습 계획 수립하기

지난 프로젝트 수업에서처럼 학생들의 질문으로 학습 계획을 수립했다. 학습 계획 수립 중에 '아이디어 꺼내기'와 '궁금증을 질문으로 만들기' 과정은 수월했다. 혼자 세 개씩 질문을 생각하고 모둠 친구들과 함께 질문을 만들라고 했는데, 학생들은 계속 떠오른다고 자랑하며 다섯 개, 열 개도 만들어냈다. 모둠 친구들과 질문을 비교하면서 새롭거나 좋은 질문도 잘 뽑아냈다.

드디어 '질문으로 학습 계획 수립하기' 단계다. 지난 프로젝트 수업의

학생들과 함께 완성한 프로젝트 학습 계획

학습 계획 수립에서 가장 당황스러웠던 단계다. 패들렛에 너무 많이, 비슷한 질문이 계속 올라와서 아이들과 함께 프로젝트 학습의 계획을 정리할 수가 없었다.

첫 번째 프로젝트처럼 한꺼번에 쓰도록 하면 질문이 넘쳐날까 봐 이번엔 아예 한 명씩 질문을 발표하며 패들렛에 기록했다. 대신 다른 학생들이 먼저 발표한 질문은 쓰지 않도록 했다. 친구들의 질문을 경청하라는 의도였다.

하나씩 발표하면서 질문을 정리한 덕에 다시 정리할 필요는 없었지만, 모두 다른 학생의 질문을 들으며 기다리는 시간이 너무 길었다. 질문으로 구성하는 학습 계획은 완성했지만, 또다시 반성과 고민이 필요했다.

내용의 학습 및 조사·수집
인터뷰, 면담을 통한 정보 수집

수업 형태	교과	학습 주제	학습 활동
과제 수행 중심	사회	인권이 침해된 사례 찾아보기	1. 주변에서 인권 침해 사례 찾아보기
실시간 쌍방향			2. 다양한 인권 침해 사례 정리하기

　　인터넷 기사, 텔레비전 뉴스를 시청하며 관련 내용을 수집할 수도 있지만, 우리 학생들과 다른 상황과 관점으로 주변을 보는 사람들의 생각도 궁금했다. 그래서 인터뷰 활동지를 간단하게 제작해 질문에 대한 주변 사람들의 생각을 수집했다.

　　인터뷰, 면담은 주제와 관련된 다양한 생각을 수집할 때 활용하기 좋다. 인터뷰 결과를 정리한 실시간 쌍방향 수업에서는 인권의 사각지대에 놓인 사람들에 대해 이야기를 나눴고, 그 결과 주변인들의 이야기를 자세히 들을 수 있었다. 노약자뿐 아니라 연예인, 소방관, 의료진, 버스

프로젝트 [모두가 존중받는 터전]

인권 신장이 필요한 사람 알아보기

〈관련 학습 질문〉 주변에 인권 신장이 필요한 사람은 누구고, 인권전문가는 그 사람들을 위해 무얼 할까?

우리 주변에 인권 신장/보호가 필요한 사람은 누구일까요? 가족 혹은 주변 사람 중 3명을 인터뷰해봅시다. (인터뷰는 전화로도 가능합니다.)

작성자: 신효빈

인터뷰 한 사람	인터뷰 질문	
	[1-1].우리 주변에 인권 신장/보호가 필요한 사람은 누구일까요?	[1-2].그렇게 생각한 까닭은 무엇인가요?
삼촌	인권 사각지대에 놓인 학대받는 아동들.	최근 들어 아동학대 관련 뉴스를 보며 표면적으로 사건에 대한 경각심을 불러 일으켜 해당 범죄를 방지하겠다는 목표를 내세우고 있지만 사실 보면 피해자의 처참한 모습과 가해자의 악마 같은 특성을 소비하게 만든다고 느꼈습니다. 아동들의 인권 보호를 위해 재발 방지 및 치료 등이 우선 되어야 할 것 같습니다.
이모	해외 이주 노동자	우리는 주로 흑인이 차별받는다고 생각하지만, 동양인도 차별 대상에서 빠질 수 없습니다. 요즘 뉴스 기사에서도 코로나19 사태에 아시아인들을 무시하는 기사도 많이 나오고 있습니다. 또 이주 노동자들에게는 노동 조건 및 환경 등의 법적 보호가 약합니다.
아빠	노인	육체적 정신적 및 경제적 활동이 없으니 사회 안전망이 필요합니다. 또 만성질환으로 지속적인 돌봄이 필요한 노인들은 취약성 때문에 요양원 등 집단 시설에서 생활하는 경우가 많습니다. 일상적 활동 보조 등이 필요하지만 돌봄에 대한 공백도 많이 있습니다.

인터뷰를 통한 정보 수집 활동지

인터뷰, 조사 결과 등 학생들의 발표 내용을 체계적으로 정리할 때 판서는 필수입니다. 발표 내용을 정리해 보여주면 수업 내용을 이해하기도 좋고, 내용 속에 숨어 있는 시사점을 발견하기도 쉽습니다.

* 듀얼 모니터 활용하기
① 모니터가 2개인 경우, 한 화면에 프레젠테이션이나 한글, 메모장, 그림판 등 키보드나 마우스로 내용을 입력할 수 있는 프로그램을 띄웁니다.
② 화상회의 '발표하기/화면공유' 기능으로 프로그램을 실행한 모니터를 보여주며 내용을 기록, 정리합니다.

* 태블릿과 정전식 터치펜으로 필기하기
① 화상회의에 접속할 때 컴퓨터와 태블릿/스마트폰 2가지로 동시 접속합니다. 와이파이 환경에서 가능합니다.
② 태블릿/스마트폰에서 필기 가능한 앱을 실행합니다.
③ 태블릿/스마트폰으로 접속한 화상회의에서 '발표하기/화면 공유'로 필기 실행 화면을 보여줍니다.
④ 키보드, 마우스보다 자유롭고 편하게 필기할 수 있습니다.

운전기사, 경비원 등 다양한 직업을 가진 사람들의 인권이 언제 침해받는지 이야기를 나눴다. 버스와 아파트에서 목격한 생생한 경험담까지, 인권 침해 문제가 정말 심각하다는 사실을 깨우칠 수 있었다.

생각 연결 짓기
씽킹맵 사용하기

수업 형태	교과	학습 주제	학습 활동
실시간 쌍방향	사회	인권 보호의 실천 방안 생각하기	1. 인권 보장을 위한 노력 고민하기 2. 인권 보장을 위한 노력이 어떤 변화를 가져올지 예상하기

　인터뷰를 통해 우리 주변에 실제로 인권 보호가 필요한 사람이 많다는 사실을 알았다. 이러한 문제를 변화시키기 위해 어떻게 노력해야 할까? 그 노력은 어떤 변화를 가져올까? 우리의 실천(원인)이 가져올 변화(결과)를 체계적으로 정리하기 위해 이번 수업에서는 씽킹맵을 활용했다. 씽킹맵은 주제에 대해 분석적으로 사고하고, 사고 과정을 다양한 방법으로 표현하는 것을 돕는다. 또한 시각화된 자료 그 덕분에 학생과 교사 혹은 학생끼리 명확한 피드백을 주고받을 수 있다는 장점이 있다.

　씽킹맵을 활용하기 위해 학급 원격 수업 콘텐츠에 미리 모둠별로 작성할 프레젠테이션을 첨부했다. 학생은 교사의 안내에 따라 모둠별 구글 미트 화상회의방에 입장해 함께 씽킹맵을 작성했다. 모둠의 한 학생이 구글 미트 발표하기 기능으로 프레젠테이션을 공유하며 서로 의견을 자유롭게 제시하거나 수정하고 씽킹맵을 작성하는 모습도 볼 수 있

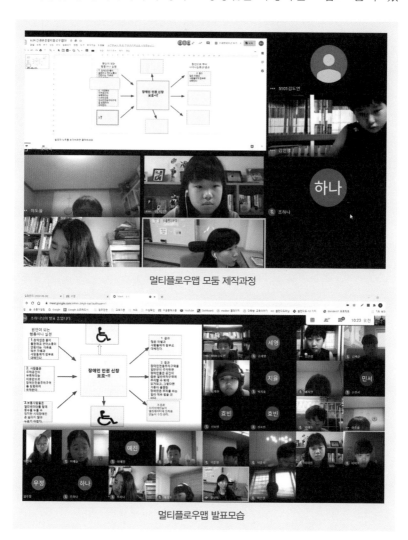

멀티플로우맵 모둠 제작과정

멀티플로우맵 발표모습

었다. 이제는 모둠별 구글 미트 화상회의에 익숙해진 듯했다.

씽킹맵을 보여주며 발표하니 다른 학생들도 쉽게 내용을 이해했다. 학생들은 다른 모둠의 발표를 들으며 인권 보호를 위한 실천(원인)과 변화(결과)를 보충하고, 수정 의견을 제시하기도 했다. 작은 실천이지만 그 실천이 가져오는 결과를 연결 지으며 책임감도 느꼈고, 실현 가능한 방안인지 비판적으로 생각하기도 했다.

내용의 적용/실천, 결과물 산출
디베이트

수업 형태	교과	학습 주제	학습 활동
과제 수행 중심	도덕	인권을 존중하는 마음 기르기	1. 인권에 관한 나의 주장과 근거 정리하기
실시간 쌍방향			2. 디베이트에 참여하기

　　디베이트에서는 논제에 찬성 혹은 반대의 입장으로 나뉘어 서로 자기가 옳음을 주장하는 동시에 상대 주장에 문제가 있음을 드러내야 한다. 그러므로 설득력 있는 주장을 위해 여러 까닭(근거)을 들어야 한다. 자기 입장뿐만 아니라 상대방의 주장과 근거도 고려해 자료를 준비하고, 생각을 정리해야 하므로 많은 준비가 필요하다. 과제 수행 중심 또는 쌍방향 수업으로 준비할 수 있는데, 이번에는 과제 수행 중심 수업으로 준비했다.

실시간 쌍방향 디베이트 수업을 내실 있게 진행하려면 학생들이 논제와 역할을 인지하고, 자기 생각을 잘 정리했는지 확인하는 과정이 필요하다. 그래서 수업 일주일 전, 디베이트를 준비하는 과제 수행 중심 수업 콘텐츠에 프레젠테이션을 첨부해 논제와 절차를 안내했다. 더불어 학급의 학생들이 모두 참여해 발언하도록 각자의 역할도 안내했다. 역할에 따라 미리 생각을 정리하고 준비할 내용이 달라지니 활동지도 선택하여 쓸 수 있게 첨부했다.

디베이트를 준비하기 위해 두 단계의 과제 수행 중심 수업 활동을 준비했다. 첫 번째는 인권 보장을 위한 헌법의 역할을 알아보는 것, 두 번째는 디베이트와 논제인 게임 셧다운제와 인권의 관계에 대해 생각해 보는 것이었다.

실시간 쌍방향 디베이트를 위해 일주일 동안 학생 개개인에게 1회 이상의 피드백을 제공해서 내용을 정리하도록 도왔다.

"준희야, 영상 자료의 중요한 부분만 살짝 보여주면서 반론 시작하면 좋을 것 같아요. 미리 연습 한번 해보는 것도 괜찮지 않을까? 2, 3번도 뉴스나 숫자가 나오는 근거 자료가 있으면 좋겠는데, 다른 친구들 내용 잘 모아봐야겠다!"

"선생님, 제가 중요한 부분만 1분 50초 정도로 줄였는데 활동지 밑에 파일 추가한 것 한번 봐주세요. 내일 친구들과 상의해서 영상 자료 보여줘도 될까요?"

"대단하다 편집까지! 내일 준희 팀 장난 아니겠는데? 살짝 걱정인 건 반론이 3분이라, 혹 팀원과 이야기해서 다른 좋은 근거도 있다면, 이 영상의 중요 내용 포함된 46초까지만 보여줘도 괜찮을 것 같아요! 보

한난희

오늘 학습할 질문: 인권에 대한 법률 중 중요한 법은 무엇일까?

☞ **활동1: 인권 보장을 위한 헌법의 역할 알아보기**

– 첨부 링크 접속(국가법령정보센터–대한민국 헌법)

– 과제1) '대한민국 헌법'에서 인권 보장을 위한 조항 찾고 그렇게 생각한 이 유 서술하기(댓글로 기록)

☞ **활동2: 디베이트 준비하기**

– 논제: 게임 셧다운제는 국민의 기본권(인권) 보호를 위해 필요하다.

– 첨부 프레젠테이션 참고하여 디베이트 내용과 자신의 역할 확인

– 과제2) 자기 역할에 맞는 활동지 제출(수요일까지 내용 점검)

*과제 활용하여 목요일에 디베이트 합니다.

*근거 찾는 방법

1) 첨부 링크(국가법령정보센터)의 헌법에서 근거를 찾기

2) 검색창 활용(검색어: 게임 셧다운제)으로 뉴스 자료에서 근거 찾기

 한난희

디베이트를 위해 구글 문서로 배부한 활동지를 첨부합니다. 활동지의 세부 내용은 각 학급의 상황에 맞게 재구성하여 활용할 수 있습니다.

입론 활동지

반론 활동지

최종 반론 활동지

판정단이 활용하는 채점 기준표

여준 다음 간략히 정리해주는 것 잊지 말구요. 내일이 기대됩니다."

준비하면서 학습과정에 즐거움을 느낀 학생들은 발표 방법, 내용 등의 추가 피드백을 요청하기도 했다. 피드백이 오고 가면서 더 치열하고

논제	게임 셧다운제는 국민의 기본권(인권)을 보호하기 위해 필요하다.		
나의 입장	인권 보호를 위해 게임 셧다운제를 없애야 한다.		
미리 예측하는 상대 팀의 주장	1. 시간을 정하지 않고 계속 게임을 하면 중독될 수 있다.	2. 청소년이 나쁜 콘텐츠에 노출되면 범죄를 일으킬 수도 있다.	3. 게임 시간을 제한해야 청소년이 건강한 생활 습관을 가질 수 있다.
상대팀 주장의 문제점	1. 중독은 시간으로 판단하는 것이 아니다. 게임 중독의 기준이 무엇인가? 몇 시간 게임을 해야 중독인가? 객관적인 근거가 있나?	2. 나쁜 콘텐츠만 있는 것도 아니고 게임을 오래 했다고 모두 범죄를 일으키지는 않는다.	3. 게임 시간을 줄이는 것만으로 건강한 생활습관을 갖고 시간을 관리할 수 있는 것은 아니다.
상대팀의 주장이 문제라고 생각하는 근거 (뒷받침 자료)	1. 청소년이 지나치게 게임을 한다고 해서 중독이라고 할 수는 없다. 대개는 과몰입일 뿐이라 시간이 지나면서 괜찮아지기 때문이다. 지속적으로 과몰입 상태인 취약층 학생들은 게임이 아닌 무엇을 하더라도 중독 증상을 보일 확률이 높다.	2. 요즘 게임에는 바둑과 같은 전략과 전술이 필요한 것들이 많다. 오랫동안 게임을 연구해 프로게이머가 된 사람도 중독자라고 할 수 있을까? 게임 중독자가 범죄를 일으킨다는 자극적인 기사도 분명히 있지만 모두 그런 것은 아니다. 이러한 예외 상황을 들어서 청소년이 자유롭게 행동할 권리를 법으로 막는 것은 옳지 않다고 생각한다.	3. 게임 시간을 제한한다고 건강한 생활습관이 생기는 것은 아니다. 스스로 통제할 수 있는 능력을 기르고 부모님 같은 어른들하고 규칙을 정하다 보면 꼭 법으로 제한하지 않아도 괜찮을 것이다. 또 게임을 음악 감상, 운동 경기 같은 취미로 생각하며 학생과 학부모의 자율에 맡기는 것이 맞다고 생각한다.

교사 피드백으로 보충한 학생의 반론 활동지

즐거워질 디베이트가 기대됐다.

　과제 수행 중심 수업으로 디베이트를 준비하면 학생마다 학습 시간이 다르므로 수시로 피드백해줘야 한다. 같은 역할을 맡은 학생끼리 미리 의견을 조율하기도 어렵다. 이런 부분이 아쉬웠는데, 실시간 쌍방향 수업으로 디베이트를 준비하면 보완할 수 있다는 걸 나중에 알았다.
(260쪽의 실시간 쌍방향 디베이트 수업 참고)

학생이 직접 편집한 영상 자료를 근거로 발표하는 모습

디베이트의 질의응답 순서

열심히 준비한 덕인지 실시간 쌍방향 디베이트 시간, 모든 학생이 자신의 역할과 토론 내용에 집중했다. 직접 찾은 영상을 편집해서 근거 자료로 발표하기도 하고, 경청한 내용으로 작전 토의 시간에 열심히 자기 생각을 발표하기도 했다. 수업 후 "사람들의 권리를 보장하기 위한 법들끼리 서로 충돌할 수 있어요"라고 발표할 때, 학생들이 디베이트의 논제를 진지하게 고민했다는 걸 느낄 수 있었다.

---

014 │ 과제 수행 중심 수업으로 디베이트를 준비하는 과정

① 디베이트의 논제 및 절차, 역할을 안내합니다.
② 찬성팀, 반대팀이 근거를 바탕으로 자기주장을 기록하는 활동지를 제공합니다.
③ 디베이트 전까지 1번 이상의 피드백을 주고받습니다.

 디베이트 절차 안내

발표 및 성찰
배움 연결 활동을 통한 인권공모전 글쓰기

수업 형태	교과	학습 주제	학습 활동
실시간 쌍방향	과목심화 보충	인권에 대한 생각을 정리해 글로 표현하기	1. 인권에 대한 생각의 변화, 나의 주장을 글로 표현하기
과제 수행 중심			2. 결과물 공유하기

　용두사미로 끝내지 않기 위해서는 마무리도 중요하다. 우리 반에서는 프로젝트로 배운 내용과 생각을 정리하기 위한 배움 연결 활동을 진행했다. 프로젝트의 전 과정에서 학습한 개념을 연결하며, 이해의 깊이를 스스로 점검하는 활동이다.

　인권과 관련된 프로젝트를 학습했기 때문에 일곱 개 도형 중 가장 가운데에 '인권'을 기록했다. 나머지 육각형에는 학습과정에서 배운 주요 개념을 정리했다. 그다음 각 개념을 설명하고, 연결 지을 수 있는지 활

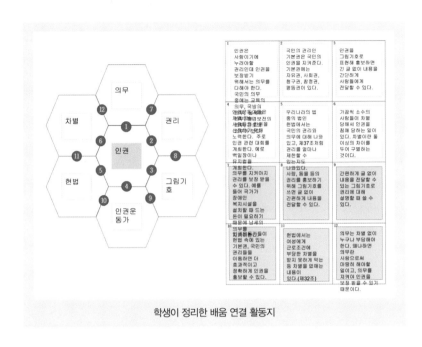

학생이 정리한 배움 연결 활동지

동지에 정리한다. 예를 들면 활동지의 1번에는 인권과 관련해 학습한 의무에 대해 알게 된 점을, 7번의 경우 의무와 권리의 관계를 정리해 기록했다.

배움 연결 활동지를 작성하는 데는 많은 시간이 걸린다. 짧지 않은 시간 동안 학습한 프로젝트의 내용을 떠올리고, 자기만의 개념으로 정리하는 게 쉽지 않기 때문이다. 이럴 때 짝 또는 모둠과 생각 정리할 기회를 주면 학생들의 부담이 훨씬 덜어진다.

이런 배움 연결 과정은 등교 수업에서도, 원격 수업에서도 가능하다. 등교 수업으로 배움 연결 활동을 하는 경우 개별 활동으로 시작해 짝 활동이나 모둠 활동을 하고 다시 개별 활동으로 생각을 정리한다. 실시간 쌍방향 수업에서도 미리 구글 미트 화상회의방을 준비해 놓는다면 마찬가지로 가능하다.

혹 시간이 부족하다면 배움 연결 활동이 아니라 간단하게 개념 정리만 해도 괜찮다. 프로젝트의 소주제마다 배웠던 중요 개념을 떠올리는 정도만 하더라도 프로젝트 전반의 내용을 단단히 연결할 수 있다. 중요한 건 자기 고민을 바탕으로 학습 개념을 좀 더 견고하게 연결하는 것이다. 그래야 내용이 학생의 것이 되고, 스스로 성찰도 할 수 있다. 우리 학급은 이 과정을 바탕으로 성찰 글쓰기를 했다. 성찰하는 글쓰기에서는 자유로운 형식으로 알게 된 점과 느낀 점을 글로 쓰는데, 배움 연결 활동에서 주요 개념을 잘 상기하고 정리한 학생들은 자기 생각을 글로 쉽게 풀어나갔다.

성찰 글쓰기까지 하고 내용을 살펴보니 학생들이 어떤 내용을 어느 정도 이해하는지, 그에 대해 어떻게 생각하는지 알 수 있었다. 각양각색의 글 중에는 배움 연결과정이 충실하지 않았구나, 싶은 내용도 있었다. 학습 내용을 나만의 것으로 만들지 못하니 쓸 내용이 없고, 배우지 않아도 누구나 말할 수 있는 글을 쓰게 된다. 안타깝게도 프로젝트가 실패한 셈이다. 반면, 당시 이슈인 아동학대 관련 기사 내용을 확인하며, 프로젝트와 실생활의 내용을 잘 연결한 글도 있었다. 이 글은 다음 페이지에 예시로 실어놓았다.

인권 관련 프로젝트가 끝나는 시기는 마침 '2020 인권공모전'의 마감 즈음이었다. 우리 학급에서는 성찰 글쓰기 내용 그대로 '인권공모전'의 '인권 에세이' 부분에 응모했다. 내심 인권공모전 결과를 기대한 학생들이 후에 아쉬움을 표현하기도 했지만 많은 학생이 인권을 교과서에서만 찾지 않고, 내 주변에서 찾으며 탐구한 건 소중한 경험이었다.

감출 수 없는 인권

작성자: 이지호

뉴스 소리를 들으며 잠을 깼다. 책을 잘 읽지 않는 내게 엄마는 세상 돌아가는 거라도 알라고 아침이면 알람처럼 뉴스의 소리를 높여 놓는다. 또 아동학대 사건이다. 창녕의 어린아이가 부모의 학대로부터 도망쳤다고 한다. 학대라고 하기엔 너무 잔인한 고문을 받았다고 한다. 이 사건 전에 계모가 아이를 가방에 가둬 숨지게 한 사건도 있었다. 이 부모들은 모두 아이가 말을 듣지 않아 훈육한 것이라고 했다. 자기 자식이니까 맘대로 혼내도 괜찮다고 생각한 거 같다.

'훈육의 범위가 어느 정도인 걸까? 내 자식이니까 맘대로 해도 된다?'

사람이 태어나는 순간 '인권'이 있다고 하는데 학대받는 아이들에게 인권은 없었던 거 같다. 왜 이 아이들은 '아프다고, 하지 말라고' 말하지 못했을까? 보호받고 사랑을 받아야 하는 아이들은 폭력의 아픔을 견뎌내며 힘의 테두리에서 꼼짝하지 못했던 것일까…?

우리 집은 할머니, 할아버지께 짜증 내거나 버릇없이 말하면 혼난다. 처음엔 말로 혼나다가 반복되면 엄마가 손바닥을 때리신다. 솔직히 아프지도 않고 잘못된 행동인 걸 알면서도 괜한 반항심에 '엄마라도 때리면 안 돼. 이건 학대야! 나도 인권이 있어. 존중해줘야 돼!'라고 목소리를 높인다. 나는 손바닥 1대에도 학대라고 말하며 인권을 존중해달라고 말하는데 그 아이들은 왜 그러지 못했을까? 왜 보호해줄 어른이 없었던 걸까?

옛날부터 우리나라는 훈육이라 말하며 매를 들었고 다른 가족의 일에는 상관하지 않았다고 한다. 그렇지만 세상은 많이 변했고, 약한 사람들이 목소리를 높일 방법과 도와주는 단체도 많다고 하는데 왜 이런 일이 계속될까?

7살 때 굿네이버스 희망 편지로 알게 된 외국 아이들은 학교를 못 가고 쓰레기에서 먹거리를 찾으며 일한다고 한다. 11살 때 알게 된 어느 소녀는 가난 때문에 선생님의 꿈을 포기하고, 어린 나이지만 결혼해야 한다고 했다. 그런 일들은 그 나라들이 잘살지 못해서 아이들이 인권을 보장받을 수 없기 때문이라고 생각했다. 우리나라에서는 있을 수 없는 일이라고 생각했는데 내 생각은 틀린 것이었다.

사회 수업에서는 인권이 '사람이기 때문에 당연히 누리는 권리로 태어날 때부터 모든 사람에게 평등하게 보장되며 다른 사람이 힘이나 권력으로 빼앗을 수 없다'고 배웠는데, 조사해보니 인권이 모두에게 보장되지만은 않는 것 같다. 그냥 인권에 대해서 알기만 하면 된다고 생각했는데, 인권에 대한 생각부터 바뀌어야 한다는 것을 깨달았다.

많이 배웠다고, 잘산다고 다른 사람의 인권을 보장해주지 않는 일은 전 세계에서 일어나고 있다. 학대당하는 아이들, 아들에게 매 맞는 할머니, 의무교육도 받지 못하고 공평하게 일자리를 얻을 기회조차 없는 장애인들. 특히 이번 '코로나19' 유행으로 인권의 어두운 부분이 많이 드러났다. 이태원 확진으로 드러난 성 소수자에 대한 차별, 아시아에서 코로나 19가 시작되었다는 이유로 시작된 아시아인에 대한 폭언과 폭행. 이런 문제가 가난하고 배움이 짧아서 생긴 것일까? 아니다. 이것은 인권에 대한 인식이 잘못됐기 때문에 일어난 것이다. 그렇다면 어떻게 해야 인권을 바르게 인식하고 지킬 수 있을까?

인권에 대해서 조사하며 찾은 자료에 '사람은 선 하나를 두고 수많은 이익에 대해서 생각한다. 선 하나만 넘으면 되는데 그걸 넘기가 어렵다'고 했다. 무슨 말일까… 한참을 고민해도 이해가 될 듯 말 듯 정확하게 이해하기가 어려웠다. 당연한 게 때로는 가장 어렵고, 당연해지기까지 넘어야 할 문제가 많다는 것일까? 참 어려운 이야기다.

어린이를 학대하는 어른들과 인종 차별을 하는 사람들도 인권 존중에 대해 배웠을 것이다. 그러므로 '인권에 대한 올바른 인식 갖추기'는 우리가 살아가며 계속 익히고 많은 사람에게 알려야 할 문제다. 인권은 살아가면서 반드시 존중하고, 지켜야 할 것이기 때문이다.

세 번째 프로젝트
'우리 함께 살아가는 터전'

프로젝트 소개

앞선 프로젝트에는 우리의 정체성을 인식하고 서로 존중하는 문화를 배웠다. 이번 프로젝트에서는 우리가 살아가는 터전을 다양한 관점에서 이해하도록 했다. 사람들은 살아가는 장소에서 많은 것을 얻고 배운다. 살아가는 장소, 환경은 사람들에게 다양한 생활양식을 가져다준다. 내가 살아온 특정 장소는 안정감과 소속감, 유대감을 주기도 한다. 우리가 살아가는 장소에 대해 아는 것은 우리에 대해 아는 것과 연결된다. 국토의 위치와 영역, 자연환경과 인문환경을 알고 나와 공동체가 살아가는 물리적인 환경을 바르게 인식하기 위한 탐구를 했다. 우리가 살고 있는 터전의 이해가 있다면 이곳에서 함께 살아가는 사람들의 이해도 더욱 깊어질 수 있다. 또한 프로젝트로 국토의 아름다움을 찾아내고 표현하며 살아가는 터전의 소중함을 마음에 담도록 했다.

프로젝트. 우리 함께 살아가는 터전

국어	사회
(5-1) 3. 글을 요약해요	(5-1) 1. 국토와 우리생활

프로젝트 단계	학습 주제	교과
기반 활동	• 다양한 자료로 국토의 모습 살펴보기	국어, 사회
질문으로 학습 계획 수립하기	1. 프로젝트 주제와 관련된 아이디어 꺼내기 2. 관련 아이디어를 보고 떠오르는 궁금증을 질문으로 만들기 3. 질문으로 학습 계획 수립하기	과목 심화보충
내용의 학습 및 조사, 수집	• 국토의 위치와 영역 알아보기	사회
	• 우리나라의 자연환경(지형, 기후, 기온, 강수량)과 인 문환경(인구구성과 분포, 도시와 산업, 교통의 발달) 조사하기	국어, 사회
생각 연결 짓기 활동	• 다양한 인문환경 간의 관계 이해하기	사회
	• 자연환경과 인문환경이 주고받는 영향(자연재해와 그 피해를 줄이기 위한 노력) 이해하기	국어, 사회
내용의 적용/실천, 결과물 산출	• 디베이트에 참여해 지속 가능한 국토 개발에 대한 생 각 정리하기	사회
	• 미래 국토의 모습 표현하기	사회
발표 및 성찰	• 프로젝트 학습 결과 발표하고 활동 소감 나누기	사회

기반 활동
다양한 자료로 국토의 모습 살펴보기

수업 형태	교과	학습 주제	학습 활동
과제 수행 중심	국어, 사회	다양한 자료로 국토의 모습 살펴보기	1. 나의 여행 경험 속에서 국토의 모습 찾기 2. 우리 지역의 변화 모습 이야기로 만들기 3. 우리 지역 인천의 개발과 관련된 뉴스로 출발점 생각 나누기

▌나의 여행 경험 속에서 국토의 모습 찾기

국토의 모습을 살펴보는 첫 번째 활동에서는 여행 경험을 활용했다. 우리 국토의 다양한 자연환경, 인문환경의 변화는 여행의 경험 속에서 많이 발견할 수 있다. 여행지의 날씨, 풍경, 문화 등 친구들의 경험을 패들렛에서 공유하며 다양한 학생의 시선에서 본 국토의 모습을 모아 봤다.

여행 경험에서 찾은 국토의 모습

▎우리 지역의 변화 모습 이야기로 만들기

'10년이면 강산이 바뀐다'는 말이 있다. 내가 재직 중인 초등학교가 있는 인천도 이 말처럼 세월이 흐르면서 모습이 많이 바뀌었다. 그런데 학생들은 자신이 살고 있는 인천광역시의 예전 모습을 얼마나 알고 있을까? 인천광역시 지도 포털에서는 항공 영상 지도를 확인할 수 있다. 1947년 이후로 항공 사진을 확인할 수 있어 국토의 모습이 어떻게 변화했는지 알기 좋다.

프로젝트의 두 번째 지름길 활동으로 인천광역시의 항공 사진을 시간 순서대로 맞춰보고 변화의 모습을 배경으로 이야기를 만드는 과제 중심 수업을 했다. 학생들은 항공 사진에 담긴 풍경이 오래전 우리 지역의 모습이라는 것에 놀랐고, 많은 변화가 있었다는 사실에 또 한 번 놀랐다. 그리고 우리가 사는 곳의 자연환경이 생활모습에 영향을 준다는 것을 어렴풋이 인식하는 글을 썼다.

위의 사진 순서를 바꾸어 국토의 변화 모습을 바르게 맞춰봅시다.
순서를 바르게 맞춘 뒤
 - 등장인물(누가)이 언제, 어디서 어떤 변화(무엇)를 보았을까?
 - 변화로 인해 생활이 어떻게 달라졌을까? 어떻게 행동했을까? 왜 그랬을까?
   등을 생각하며 이야기를 만들어봅시다.

내가 돌이 됐을 때 우리 가족은 바다 여행을 갔다고 한다. 초등학교 입학 전에도 기념을 바다를 갔다 왔는데, 엄마가 이렇게 말씀하셨다.
"지호 애기 때 보던 바다랑 조금 달라져서 그런지 아쉽네. 편한 것도 있지만."
우리 가족은 신나게 놀고 또 하나의 추억을 쌓았다. 올해도 코로나 때문에 답답한 생활을 하다 차 안에서라도 시원한 바람을 쐴 겸 추억의 바다로 가기로 했는데 우리 가족은 모두 놀랐다.
"어! 이게 어떻게 된 일이야? 이게 무슨 일이지? 바다는 어디 간 거지?"
계속 두리번거리고, 내비게이션도 확인했지만 바다는 사라지고 없었다. 우리 가족의 추억 속 바다가 개발로 사라진 것이다.

우리 할아버지는 내가 태어나기 50여 년 전인 1954년에 태어나셨다. 국토가 변화하는 과정을 지켜보고, 또 겪으며 살아오셨다.
국토가 지금처럼 발달하기 전인 어린 시절에는 서울에서 천안을 갈 때도 하루에 반나절 이상 시간이 걸려 이동에 불편을 겪었다고 하셨다. 하지만 30, 40년이 지난 현재는 국토와 교통수단에 많은 변화와 발전이 있었고
지역을 이어주는 고속도로도 생겨서 이동 시간이 절반 이상 줄어 들고, 예전보다 훨씬 더 편리한 세상이 되었다고 하신다.

변화한 우리 지역의 이야기

▌우리 지역 인천의 개발과 관련된 뉴스로 출발점 생각 나누기

때마침 우리 지역의 개발과 관련된 뉴스를 찾았다. 국제적으로 보존 가치를 인정받은 람사르 습지 위에 해상 다리를 건설한다는 내용이었다. 비용과 다른 도로와의 연결성을 고려하느냐, 습지와 해양 생물을 보호하느냐를 두고 지역 주민과 국토부가 입장 차이를 좁히지 못했다.

우리 지역의 개발 문제에 대해 학생들은 어떻게 생각했을까? 과제 중심 수업으로 관련된 내용을 찾아보고 자신의 입장을 정리했다. 이렇게 정리한 입장은 국토에 대한 출발점 생각으로 프로젝트 학습 후 변화된 생각과 비교하기로 했다.

한난희

프로젝트 후 변화된 생각과 비교할 수 있게끔 우리 지역의 람사르 습지 개발에 대한 생각을 적어봅시다.

김세영
제 생각에는 람사르 습지에 다리를 건설하면 안 될 것 같습니다. 왜냐하면 건설하면 생태계가 망가지고 새들이 살 공간이 없어지기 때문입니다.

배지안
도로도 중요하지만 동물들이 더 중요한 것 같다. 헌법에 환경 보전의 의무가 있는데도 그것을 만든 국가에서 지키지 않는 것이 어이없다.

이주영
나는 절대로 건설해서는 안 된다고 생각한다. 나도 저 습지 근처를 가본 적이 있는데 그 위에 다리를 건설하겠다는 의견이 있다니 놀랍다.

박지율
저어새(천연기념물)와 멸종위기 종들의 보금자리가 없어지고 생태계가 파괴되기 때문에 한번 보호구역으로 정한 곳은 앞으로도 보호해야 한다.

프로젝트 학습 계획 수립
학습자 질문으로 만드는 탐구 계획

수업 형태	교과	학습 주제	학습 활동
등교 수업			1. 프로젝트 주제 관련 아이디어 꺼내기
등교 수업, 실시간 쌍방향	과목 심화 보충	주제와 관련된 궁금증을 질문으로 만들기	2. 관련 아이디어를 보고 떠오르는 궁금증을 질문으로 만들기
실시간 쌍방향			3. 질문으로 학습 계획 수립하기

| 프로젝트 주제와 관련된 아이디어 꺼내기

패들렛과 프레젠테이션을 활용한 다양한 기반 활동을 돌아본 다음, 프로젝트 주제를 제시하니까 관련된 아이디어가 쏟아졌다. 어찌나 아이디어가 샘솟는지, 학생들의 아이디어를 버블맵(씽킹맵의 종류)으로 정리하니 칠판이 꽉 찰 정도였다.

관련 아이디어를 보고 떠오르는 궁금증을 질문으로 만들기

칠판에 정리된 버블맵을 보니 이미 알고 있는 내용도 있고, 모르는 내용도 있었다. 학생들은 내용을 살펴보며 떠오르는 궁금증을 질문으로 만들었다. 그동안 다양한 기법을 활용한 덕인지 곧잘 질문을 만들어 냈다.

만든 질문을 친구와 발전시키고, 여러 질문 중 배움에 중요한 질문을 선정하는 과정은 실시간 쌍방향 수업으로 진행했다. 모둠 친구들과 구글 미트 화상회의방에서 만나 차례로 질문을 발표하고, 꼬리에 꼬리를 무는 질문이 떠오르면 친구들과 공유했다. 비슷한 질문을 가지고 정리하기도 하고, 다른 친구들이 이해하기 쉬운 용어로 질문을 정리하기도 했다. 마지막으로 만들어낸 여러 질문 중 배움에 중요하다고 생각하는 질문(흥미 있는 질문, 가치 있는 학습을 가져오는 질문)을 각자 선정했다.

질문으로 학습 계획 수립하기

첫 번째 프로젝트에서는 학급 학생들이 한꺼번에 패들렛에 질문을 올리면서, 두 번째 프로젝트에서는 한 명씩 패들렛에 질문을 올리다가 실패한 단계다. 질문을 살펴보며 올리는 타이밍을 조절하기 위해 이번에는 모둠 단위로 질문을 탑재했다.

모둠 단위로 활동하니 적당한 타이밍에 순서가 돌아오고, 다른 친구들의 활동을 지켜보기에도 적절한 시간이 주어졌다. 학생 개개인의 입장에서 생각해볼 때 지금까지 시도한 방법 중 가장 괜찮지 않았나 싶다. 또 한 가지는 깨달은 점은, 어떤 방법으로 학습 계획을 수립하든 좀더 여유를 가지고 소통하며 활동할 때 결과도 만족스럽다는 것이다.

① 모둠의 순서가 되면 제한 시간 동안 질문을 패들렛에 탑재합니다.

② 차례인 모둠은 질문을 올리거나, 수정할 수 있고 소주제에 맞게 위치를 옮길 수도 있습니다. 패들렛의 편집 권한까지 부여하면 가능하지요. 다른 모둠 친구가 이미 올린 질문은 탑재할 수 없으므로 질문을 잘 살펴보며 활동합니다.

③ 차례인 모둠이 질문을 탑재하는 동안 다른 모둠 학생들은 화면에 공유된 질문방을 보면서 발전시킬 질문, 이동할 질문을 생각하도록 지도합니다.

내용의 학습 및 조사·수집
인터넷 등 매체를 활용한 내용 조사

수업 형태	교과	학습 주제	학습 활동
과제 수행 중심	사회	우리나라의 지형 알아보기	1. 다양한 지형의 모습 조사해 지도(패들렛)에 표시하기
실시간 쌍방향			2. 다양한 지형의 모습 정리하기

| 다양한 지형의 모습 조사해 지도(패들렛)에 표시하기

과제 수행 중심 수업에서 간단한 내용을 조사하고 수집할 때는 개인별로 활동하기도 한다. 개인별로 내용을 조사하고 수집하다 보면 다른 친구들의 내용과 비교하면서 부족한 부분을 보충해야 하는 경우가 생긴다. 그래서 조사하고 수집한 내용을 기록할 때에는 학급 학생 모두가 공유하는 웹페이지도 필요하다.

프로젝트의 과정에서 우리 국토의 다양한 지형을 조사하면서 개인이

국토의 다양한 지형 조사 내용

조사하고 수집한 내용을 패들렛에서 공유했다. 패들렛의 다양한 서식 중 지도 형태는 이번 프로젝트의 내용을 모으기에 딱이었다.

| 퀴즈로 조사, 수집한 내용 확인하기

내용을 조사하거나 수집한 다음에는 정리하고 확인하는 과정이 필요하다. 그래야 잘못 알고 있는 개념, 더 알아야 할 개념을 짚어주고 제대로 된 학습을 할 수 있다. 실시간 쌍방향 수업에서 피드백 하는 방법으로는 두 가지가 있다. 학생들이 조사 내용을 발표하면 교사가 적절히 피드백하는 방법 또는 퀴즈 형식으로 학생들과 내용을 확인하고 점검하는 방법이다.

학생들에게 퀴즈를 낼 수 있는 온라인 플랫폼으로 멘티미터, 슬라이도, 카훗, 퀴즈앤 등이 있다. 플랫폼의 장점은 다양한 형식을 제공해 쉽고 빠르게 퀴즈를 제작할 수 있다는 점이다. 단, 대부분의 온라인 플랫폼은 유료로 결제해야 불편함 없이 사용할 수 있다는 단점이 있다.

골든벨 활동 모습

채팅으로 함께한 골든벨 활동 모습

실시간 쌍방향 수업으로 골든벨 퀴즈를 진행하면 교사의 음성이 들리지 않거나 캠 기능이 안 되는 학생이 있을 수 있습니다. 교사 음성이 안 들리는 경우 채팅으로 문제를 올리거나, 미리 만들어둔 퀴즈가 있다면 발표하기/공유하기로 보여줍니다. 학생의 캠이 안 될 때는 답을 채팅으로 올리도록 합니다.

온라인 퀴즈 플랫폼을 활용할 수도 있지만 우리 학급에서는 등교 수업에서도 사용하는 코팅판으로 골든벨 퀴즈를 진행했다. 특정한 온라인 플랫폼을 사용하지 않는 경우, 교사와 학생이 플랫폼에 익숙해지기 위한 시간과 노력을 들일 필요가 없다는 게 장점이다. 준비물만 있으면 교사가 문제를 출제하고 확인할 수 있으며, 학생이 문제를 출제하고 함께 풀이할 수도 있다. 골든벨 퀴즈 형식을 활용하기 위해서는 학생들이 등교 수업할 때 미리 교구(코팅된 판과 보드마카)를 배부해 실시간 쌍방향 수업 시간에 가지고 있게 한다. 골든벨 퀴즈에서는 우리 국토의 다양한 지형, 각 지형의 특징과 지형의 모습에 관한 문제들을 풀며 학생들이 잘 학습했는지 확인하고 내용을 다시 한번 정리했다.

생각 연결 짓기
SOLO 육각형 활용하기

수업 형태	교과	학습 주제	학습 활동
실시간 쌍방향	사회	다양한 인문환경 간의 관계 이해하기	1. 국토를 이루는 인문환경의 요소 떠올리기 2. 인문환경 간의 관계 생각하기

▌다양한 지형의 모습 조사해 지도(패들렛)에 표시하기

팸 훅(Pam Hook)은 교실에서 SOLO 분류법(Structure of Observed Learning Outcome) 사용을 구현하기 위한 다양한 자료를 개발했다. SOLO 육각형은 학생의 고차원적 사고를 향상시키기 위한 전략으로 육각형에 주요 개념을 쓰고, 개념 간의 관계를 다양한 관점에서 기록해 학습 내용을 시각화하는 도구다.

우리 반 학생들은 SOLO 육각형으로 국토의 인문환경을 이루는 요소 간의 관계에 대해 생각을 연결 지었다. 활동을 위해 교사는 실시

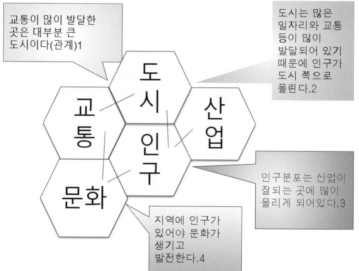

SOLO 육각형을 활용한 연결

> SOLO 육각형과 씽킹맵의 버블맵/마인드맵은 차이점이 있습니다. 버블맵이나 마인드맵이 비슷한 주제마다 생각이 꼬리에 꼬리를 물고 연결된다면, SOLO 육각형은 두 개념을 비교하거나 대조할 수도 있고, 여러 개념을 한 번에 연결 지어 설명할 수도 있습니다.

간 쌍방향 수업 전 SOLO 육각형 모양으로 프레젠테이션을 만들어놓았다. 수업을 시작한 후 함께 주요 개념을 떠올렸고, 모둠별 구글 미트 화상회의에서 육각형으로 개념 간 연결에 대해 토의하고 기록했다. SOLO 육각형을 활용하면 개념 간의 관계에 대해 생각하고 정리한 구체적인 내용을 확인할 수 있어 피드백하기 좋다.

내용의 적용/실천, 결과물 산출
디베이트

수업 형태	교과	학습 주제	학습 활동
실시간 쌍방향	사회	지속 가능한 국토 개발 방안 정리하기	1. 지속 가능한 국토 개발에 관한 나의 주장과 근거 정리하기 2. 디베이트에 참여하기

지난 프로젝트의 디베이트는 과제 수행 중심 수업으로 준비했다. 준비 과정에서 같은 팀끼리 내용을 협의하기 어렵다는 문제점을 보완해보려고 이번 디베이트는 실시간 쌍방향 수업으로 준비했다.

실시간 쌍방향 수업으로 디베이트를 준비해보니 생각보다 좋은 점이 많았다. 우선 디베이트의 과정을 학생이 만들어간다는 느낌이 강해졌다. 화상회의에서 자신이 하고 싶은 역할을 선택하는 것부터 시작했기 때문이다. 찬성 팀과 반대 팀의 입론, 반론, 최종변론, 판정단을 선정한 뒤에는 같은 역할을 맡은 학생끼리 화상회의에서 협의하도록 안내했

① 디베이트의 논제 및 절차를 안내하고 준비한 역할별 활동지를 제공합니다.
② 같은 팀 학생들은 화상회의방에서 만나 내용을 조사하고 정리합니다.
③ 교사의 피드백을 거쳐 내용을 보완하고 발표를 연습합니다.

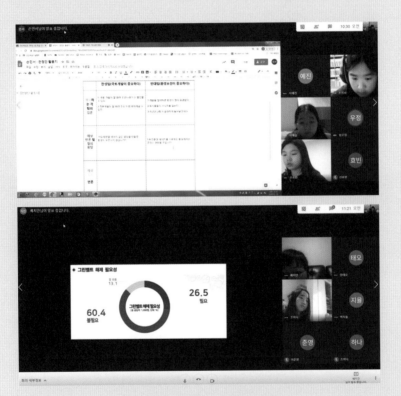

실시간 쌍방향 수업을 통한 디베이트 준비

다. 학생들은 발표할 부분을 금방 정했고 내용도 서로 살펴보면서 매끄럽게 다듬었다. 각 팀 화상회의에서 내용을 조사하고 정리를 마친 학생들은 다시 학급 화상회의로 돌아와 교사와 내용을 검토하고 보완한 뒤 발표 연습까지 마쳤다.

이렇게 대부분의 학생과 피드백을 주고받은 뒤 디베이트를 실시하니 디베이트 과정에서도 학생들의 진지함과 열정, 적극성이 느껴졌다. 실시한 쌍방향 수업 디베이트를 할 때 미리 준비한 영상이나 이미지 자료를 학생들이 근거 자료로 제시하기 쉽다는 장점도 잘 활용했다. 디베이트 후 학생들이 느낀 성취감이 화면 너머로도 전해졌다.

내용의 적용/실천, 결과물 산출
온라인 플랫폼으로 결과물 제작

수업 형태	교과	학습 주제	학습 활동
과제 수행 중심	사회	미래 국토의 모습 표현하기	1. 지속 가능한 국토의 개발 방안 제안하기
실시간 쌍방향			2. 미래 국토의 모습 표현하기(코스페이시스)

　이번 프로젝트에서 학생들은 프로젝트 결과물로 국토체험관을 만들고 싶다는 의견을 냈다. 학습한 내용으로 교실을 전시회장처럼 꾸미고 다른 학급 혹은 다른 학년 친구들에게 선보이고 싶었나 보다. 도대체 이 상황을 어떻게 해야 하나 난감했지만, 학생의 바람을 실현할 수 있도록 도와주는 게 교사의 역할이라고 생각하고 학생들의 바람을 들어줄 방법을 찾아보았다. 다행히 열심히 수업을 연구하는 동료 교사들 덕에 가상현실을 만들 수 있는 코스페이시스(cospaces)를 접했다.

　코스페이시스(https://cospaces.io/edu/)는 '학생' 혹은 '선생님' 중 하나를 선택해 계정을 만들 수 있다. '선생님'을 선택한 뒤 이메일을 확인하면 회원가입이 완료된다. 이후 [학급 만들기]로 '내 학급'을 만들고 코스페이스 [내 학급]의 방문 코드를 학생들에게 나눠줌으로써 학생들을 추가한다.

[내 학급]으로 들어가면 과제를 만들 수 있는데, 이 과제는 '개별 학생' 또는 '학생 그룹'에 배정할 수 있다. 우리 반에서는 모둠 수업을 할 예정이었으므로 '학생 그룹'을 선택하고, 내 학급에 추가된 학생들을 그룹에 배정했다. 모둠원들의 동시 접속과 협업도 가능했다. 코스페이스를 계속 사용할 건 아니었으므로, 일단 체험판을 활성화했다.

그동안 특정 행정 구역의 자연, 인문환경을 깊이 탐구해왔으므로 해당 행정 구역의 지속 가능한 발전 모습을 체험관으로 만들고 관람한 후 미래의 국토 모습을 상상하기로 했다. 학생들은 지속 가능한 국토 발전을 위해 여러 행정 구역에 더 필요한 것이 무엇인지 조사로 알아봤고, 이를 바탕 삼아 가상현실로 미래의 행정 구역을 만들었다.

모둠이 협력하며 국토체험관을 만들어야 했기 때문에 실시간 쌍방향 모둠 토의 시간도 주었다. 학생들은 실시간 쌍방향 수업 시간에 시간 가는 줄 모르고 미래의 행정 구역을 만들었다. 시간이 더 필요하다고 생각하면 학생들끼리 약속을 정해서 만들기도 했다. 교사가 모르는 기능도 학생들이 먼저 찾아내어 서로 소개하고 활용하는 모습이 인상적이었다.

이런 학생들의 모습에서 새로운 온라인 플랫폼에 대한 교사의 부담을 좀 더 덜어내도 괜찮겠다는 생각이 들었다. 어떤 플랫폼을 사용하든 중요한 건 수업 목표와 방향을 잃지 않게 도와주는 교사 역할이 아닐

모둠별 코스페이시스 제작과정

지속 가능한 발전을 이루는 미래 행정 구역

까? 참고로, 모둠 활동을 주의 깊게 보며 피드백 한 내용은 다음과 같았다. '신기하고 재미있는 기능에만 집중하지 말 것, 지속 가능한 발전을 이루는 미래 행정 구역을 표현할 것.'

발표 및 성찰
모둠별 결과물 발표

수업 형태	교과	학습 주제	학습 활동
실시간 쌍방향	사회	프로젝트 학습 결과 발표하기	1. 프로젝트 학습 결과 발표하기
과제 수행 중심			2. 프로젝트 학습 주제에 대한 생각 정리하기

　모둠별로 가상 국토체험관을 완성한 다음 코스페이시스 화면 상단의 '공유하기'로 웹 주소를 클래스룸에 탑재했다. 학생들은 모둠별 웹 주소로 다른 모둠의 체험관을 살펴봤다.

　학생들은 코스페이시스로 국토체험관을 만들 때도 무척 재미있어했지만, 다른 친구들의 코스페이시스를 살펴볼 때도 흥분을 감추지 못했다. 발표 결과물을 보니 서로 다른 기능을 발견해 쓰기도 했고, 코스페이시스에 내용을 담아내는 방법도 달랐다. 자기도 모르게 나오는 감탄

국토체험관 관람 활동 안내

모둠별 국토체험관 소개

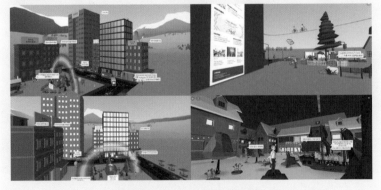

학생들이 코스페이스로 만든 국토체험관

사 안에는 '아, 저 기능으로 표현할 수도 있구나!', '저런 식으로 내용을 넣었네' 하는 마음의 소리도 들어있는 듯했다.

학습 결과가 발표될 때마다 학생들은 서로 '우와! 잘 만들었다!' 하고 감탄했지만 이런 반응에 현혹되면 안 된다. 그럴수록 코스페이시스로 제작한 내용과 제작 의도에 집중해 학생들에게 질문을 던졌다. 그러자 부족한 부분도 많이 보였다. 친구와 선생님이 주는 의견을 받아들이고, 질문에 대답하며 부족한 점을 느낀 학생들은 다음 체험관 만들기에서는 내용을 더욱 충실히 넣어 보겠다고 다짐했다. 비록 코스페이시스 체험판 기간은 끝났지만 말이다.

수업 피드백 결과까지 담아 프로젝트로 알게 된 점, 생각의 변화를 정리해 글을 썼다. 학생들의 글에서 프로젝트 기반 활동의 출발점보다 생각이 조금은 깊어지고, 복잡해진 모습을 보았다. 어떻게 생각이 변했는지, 프로젝트 주제에 대해 어떻게 고민하는지. 이렇게 고민해본 경험이 있으니 앞으로 우리 국토 뉴스가 나온다면 좀 더 관심 있게 살펴보지 않을까 싶다. 프로젝트 수업을 마친 교사의 소망이자 바람이다.

우리가 함께 살아가는 터전

작성자: 이주영

1. [3-1. 우리가 경험한 국토], [3-2. 변화하는 국토], [3-3. 가치(같이) 있는 국토] 소주제에 대해 학습하며 알게 된 중요한 개념들을 써봅시다.

우리가 경험한 국토 프로젝트에서는 국토의 개념을 알게 됐고 변화하는 국토에서는 국토의 발전 역사 들을 배운 것 같다. 같이 있는 국토에서는 다른 나라의 사례와 개발과 환경 보전의 장단점을 알며 정리한 것 같다

2. 중요한 개념을 바탕으로 '우리 함께 살아가는 터전'에 대해 자유로운 형식의 글을 써봅시다.

1. 알게 된 점

3-1 프로젝트에서는 국토에 대해서 기본 지식을 알았다. 나는 국토의 영역이 어디까지고, 어떻게 나눠지는지 별 관심이 없었지만 3-1 프로젝트로 인해 기본 지식을 알게 되었다. 그리고 3-2 프로젝트에서는 국토의 발전 역사 같은 것을 비교할 수가 있었고, 나는 내가 살고 있는 인천의 문화만 조금 알고 있었는데 전국의 문화와 생활 습관을 알 수 있었다. 3-3 프로젝트에서는 다른 나라들의 사례와 비교를 하면서 다른 나라의 기발한 환경 정책, 개발 정책을 알게 되었고 토론에서도 환경의 중요성을 깨닫게 되었다.

2. 생각이 바뀐 점

최종 프로젝트인 3-3 프로젝트를 기준으로 하면, 나는 원래 당연히 환경 보전이 우선이라고 생각하고 있었다. 그런데 3-1, 3-2 프로젝트 모두 도시 개발 쪽의 장점이 많이 돋보인 프로젝트라 마음이 개발 쪽으로 치우쳤고, 토론에서도 국토 개발의 최종변론 역할을 친한 친구인 택준이랑 맡아서 더 열심히 조사했다. 그만큼 국토 개발의 장점을 알게 되고, 완전히 국토 개발이 중요하다고 생각되었다. 하지만 우리 상대 팀인 환경 보전 팀에서도 좋은 근거를 마련해 발표하고 반박도 열심히 해줘서 환경 보존 역시 중요하다는 생각이 다시 들었다. 하지만 도시 개발을 해야 나라가 먹고살기 수월해지니 친환경적으로 좋은 개발을 하면 좋겠다.

3. 기억에 남는 활동

3-1에선 국토의 자랑거리 활동, 3-2에서는 골든벨 퀴즈, 3-3은 코스페이시스와 토론이 기억에 남는다.

4. 추가하고 싶은 프로젝트

다음에는 다른 나라의 지역 특색 등을 더 알아보거나 친구들끼리 좋아하는 지역을 선택해 탐구하고 싶다. 코로나19만 아니었다면 가능했을지도….

▎나가며

온라인 쇼핑 등 인터넷이 이미 우리 생활의 여러 부분을 혁신적으로 대체했지만, 교육은 교실에서 이뤄져야 한다는 생각에 이제껏 온라인 학습의 다양한 가능성을 제대로 마주하지 못한 것이 사실이다. 몇 년 전 블렌디드 러닝이라는 용어가 처음 등장한 때에도 마찬가지였다.

'온라인 학습은 면 대 면 학습을 보조하는 것, 교실에서 실천하는 교육활동과는 거리가 먼 것, 아직은 실천하기 어려운 것.'

지금의 학교 교육 시스템이 시대적 변화, 요구에 부응하기 위해서는 교육적 노력과 혁신, 변화가 필요하다고 생각했지만, 블렌디드 러닝을 진지하게 고민해보진 않았다. 실천하기 어려우리라는 생각이 가장 컸던 것 같다.

크든 작든 변화는 대부분 스트레스를 동반한다. 이 때문에 많은 사람이 변화를 달가워하지 않는다. 하지만 우리가 앞으로 경험하지 않은 모든 것에 대처해야 한다. 《100세 인생》(2017)를 쓴 린다 그랜튼은 앞으로 변화에 대처하는 방식에서 우열이 갈릴 것이라고 했다. 유발 하라리도 《21세기를 위한 21가지 제언》(2018)에서 많은 교사가 21세기에 요구하는 정신적 탄력성을 갖고 있지 못하다고 했다.

지금까지의 삶은 교육-일-은퇴의 3단계로 존재했지만, 과학 기술의 발달이 수명의 연장을 가져오면 앞으로 기존의 방식은 무의미해지고 변화에 대응하는 재창조의 힘이 필요해진다는 것이다. 이들의 설명에 따르면 생의 전반부에 내가 익힌 지식과 기량이 후반부에는 쓸모없어질지도 모른다.

이러한 변화에 휩쓸리는 모든 사람이 정신적 탄력성, 즉 변화에 대응하는 힘과 역량을 기를 수 있도록 돕는 것이야말로 교육의 역할이다. 따라서 교사는 변화를 두려워할 것이 아니라, 이끌고 적응하는 모습을 보여야 한다. 교육에서도 변화는 이미 시작됐다. 이 혼란스러운 혁신의 현장에서 교사들은 바삐 움직였다. 예측할 수 없는 불확실성으로 가득 찬 미래가 우리 앞에 성큼 다가온 탓이다. 곳곳에 산적한 문제의 해결 방법은 전혀 시도해보지 않았던 것들뿐이고 효율성을 판단하기도 어려웠다. 이 모든 상황은 교사에게뿐만 아니라 교육의 주체가 되는 학생에게도, 학부모에게도 처음이었다. 학생과 만들어가는 학습의 형태가 더 디 잡혀가면서 나아가는 방향이 맞는지 고민도 많았다.

우왕좌왕 시작한 원격 수업이었지만, 1학기에 세 개의 프로젝트를 탐구하고 나니 블렌디드 수업에 대한 자신감이 붙었다. 학생들과 함께 블렌디드 수업의 기틀을 만든 덕에 등교든 원격이든, 수업의 형태는 그리 중요하게 느껴지지 않았다. 블렌디드 수업 초반이었다면 등교 수업이 갑자기 확대됐다가 다시 원격 수업으로 돌아가야 하는 상황이 벌어질 때마다 무척 당황했겠지만 말이다. 때로는 등교 수업에서, 때로는 원격 수업에서 배움의 물줄기가 잘 흘러가도록 걸림돌을 디딤돌로 조정하는 일에도 점점 익숙해졌다.

2학기에도 세 개의 프로젝트를 탐구했다. 1학기에 시도한 다양한 블렌디드 수업들이 큰 자산이 됐다. 학생들 역시 2학기에는 좀 더 능숙하게, 탐구적인 자세로 플랫폼들을 활용했다. 그 덕에 2학기에는 다른 고민에 골몰할 수 있었다. 최종적으로 배움의 물줄기가 어떤 방향으로 흘러야 할지, 지금의 탐구 과정이 책임감 있는 민주시민으로의 성장과 바람직한 가치관 형성에 도움을 주는지, 스스로 탐구하는 힘을 길러주는지 같은, 수업의 본질에 대한 고민이다. 교사라면 누구나 이런 고민을 하겠지만, 2020년 초에는 사실 이렇게 고민하기가 어려운 상황이었다. 2학기에는 다시 이런 고민을 할 수 있는 상황이 감사하기만 했다.

교사의 서투른 시도에도 학생들은 열과 성을 다해줬다. 그래서인지 2학기에는 배움의 물줄기가 좀 더 세차게 흘러간 느낌이다. 모든 면이 만족스럽지는 않지만 모든 과정이 자랑스럽다. '블렌디드 러닝 프로젝트 학습이 잘되었을까?', '실천 방법에 궁리가 부족하진 않았을까?' 하는 걱정과 아쉬움도 남지만 말이다. 2020년 12월, 다섯 번째 프로젝트가 끝나갈 즈음 학생들에게 소감을 물어봤다.

"코로나19 때문에 비대면으로 하는 일이 많았지만, 프로젝트를 하면서 알지 못한 것들, 새롭게 알게 된 것들을 알게 되면서 성장한 것 같다. 4학년 때보다 지식이 더 쌓인 것 같아 좋다."

"2학기 프로젝트를 제대로 못할 것 같다고 생각했는데, 끝까지 노력하니까 내게도 가능했다. 그 점이 인상이 깊었고, 친구들의 의견에서 배운 것도 있다. 이제껏 내가 성장했다는 느낌이 안 들었는데, 그동안의 공부를 되짚어 보니 올해는 다른 때와 비교해 하늘과 땅 차이다."

"처음 역사 프로젝트를 시작할 때는 조사도 정리도 모두 힘들었지만, 이제는 적응되어 쉽게 할 수 있습니다."

"저는 역사에 대한 흥미도, 재미도 못 느꼈습니다. 그런데 이번 프로젝트 덕에 역사에 대한 흥미와 재미를 찾았습니다. 확실히 친구들과 함께 조사하니까 승부욕도 생기고, 더 재미있었습니다. 6학년 때도 역사 공부를 열심히 하고 싶습니다."

"이번 2020년도 5학년 2학기는 고무줄 같다. 1학기보다 학교 가는 횟수가 많이 늘었지만 코로나19 확진자가 줄어들면 다시 늘어나는 게 마치 늘었다 줄었다 하는 고무줄 같았기 때문이다. 하지만 코로나19로 원격 수업을 하면서 자기 주도 학습으로 나 스스로가 공부하는 힘이 많이 늘었다. 또, 온라인으로 프로젝트를 하니 더 많은 기술을 쓸 수 있어 깔끔하게 정리되었다."

"온라인으로 역사 프로젝트를 하니 각 모둠에서 조사해서 만든 파워포인트를 보며 서로 발표하고, 질문하고, 답변하는 것이 좋았다. 또 선생님께서 정해주신 짝과 역사 사건의 각 부분을 조사하여 서로 알려주고 모르는 부분을 질문하며 공부한 하브루타가 기억에 남았다. 역사 공부와 더불어 컴퓨터 활용법과 발표하는 방법도 많이 배운 것 같다. 역사 프로젝트를 마무리하기 위해 전자책 만들기, 엔트리로 코딩하여 퀴즈 만들기, 코스페이시스 파워포인트, 영상 제작을 하고 있는데 많이 기대되고 모든 팀이 부족함 없이 발표하면 좋겠다."

블렌디드 러닝은 여러 교실에서 각기 다른 색과 모양으로 자리 잡았다. 제법 단단하게 배움의 뿌리를 내린 곳도 있고, 시행착오를 겪으면서 이제 막 싹이 트기 시작한 곳도 있다. 새로운 도전이 아이들의 성장에 어떤 영향을 줄지 기대와 걱정이 반반이지만, 또 다른 미래 교육의 모습이 교실 문을 두드릴 때 2020년의 경험은 분명 배움의 뿌리를 내리는 더 좋은 방법을 알려줄 것이다.

한난희

참고문헌

존 라머, 수지 보스(장밝은 옮김), 《프로젝트 수업 어떻게 할
   것인가?》(지식프레임, 2020)
하브루타수업연구회, 《질문이 있는 교실 초등편》(경향비피,
   2015)
김현섭, 《질문이 살아 있는 수업》(수업디자인연구소, 2015)
우치갑, 이미향, 김장환, 이영옥, 강은이, 정병호, 《비주얼
   씽킹 수업》(디자인펌킨, 2015)

15시간 1학점 원격연수

내 수업에 바로 적용할 수 있는
블렌디드수업 실전 노하우

교실생존비법: 블렌디드 수업
노하우 대방출(초등)

코로나상황으로 갑작스럽게 시행된 온라인수업으로 인해 학교현장은 대혼란에 빠졌습니다.
본 연수는 이런 상황에서 돌파구를 찾아낸 교사들의 모든 노하우를 담고 있습니다.
연수에서 소개하는 교수 학습 방법은 온라인 수업을 위한 도구 활용 수준에 머무는 것이 아니라, 온라인 ICT 도구를
최적의 방식으로 활용하여 오프라인 교실 수업과 연계함으로써 수업 효과를 극대화시키는 방향으로 이어집니다.
본 연수를 통해 블렌디드 수업에 대한 막연한 두려움에서 벗어나 미래지향적인 교육을 수업에서 실현할 수 있게 될 것입니다.

1. 왜 블렌디드 수업인가?

2. 블렌디드 수업 준비하기

3. 블렌디드 수업으로 전환하기

4. 내 수업의 골든써클 찾기

5. 블렌디드 수업 디자인하기

6. 온라인 수업 준비하기 1 : 소통 및 협업 툴 알아보기

7. 온라인 수업 준비하기 2 : 디딤영상 제작하기

8. 온라인 수업 준비하기 3 : 구글 클래스룸 활용하기

9. 온라인에서 하나 된 우리 반 만들기

10. 재미와 배움, 관계를 만들어주는 온라인 교실놀이

11. 블렌디드 수업 사례 1 : 블렌디드 수업으로 학생 참여 수업 강화하기

12. 블렌디드 수업 사례 2 : 소통하고 협업을 촉진하는 블렌디드 수업하기

13. 블렌디드 수업 사례 3 : 상호작용을 촉진하는 블렌디드 그림책 수업하기

14. 블렌디드 수업 사례 4 : 삶과 연결된 블렌디드 프로젝트 수업하기

15. 블렌디드 수업 사례 5 : 성취기준 중심 블렌디드 수업하기

강의 **정찬필 외 11명(초등)**

함께한 선생님 | 정찬필(미래교실네트워크) 김준형(강일여자고등학교) 박성광(천안청당초등학교)
최우석(미양초등학교) 최म길(거꾸로캠퍼스) 최규영(충청대학교) 김호선(대원대학교)
정명근(인천서홍초등학교) 임선아(반곡초등학교) 박미정(인천화전초등학교)
정혜선(인천봉화초등학교) 이혜천(천안아름초등학교)
함께한 모임 | 미래교실네트워크 https://www.futureclassnet.org

그 무엇으로도 대체할 수 없는
교사의 존재와 역할,
그리고 자신감을 되찾는 수업 전략

온 · 오프 수업,
교사 실재감이 답이다

코로나19로 인한 갑작스런 비대면 수업으로 학교현장은 큰 혼란을 겪었고 많은 교사분들은
비대면 수업을 위한 각종 프로그램tool 사용법 습득에 집중했습니다.
이 과정에서 교사라는 정체성에 의문이 생겨, 좌절하고 소진되어가는 교사가 많았습니다.
본 연수에서 소개하는 온/오프라인 모두 적용할 수 있는 '교사실재감'이라는 개념을 통해 교육현장에서 가장 중요한 본질은
교사 자신임을 다시 한번 상기하시고 교육의 본질을 지킬 수 있는 구체적이고 실제적인 노하우를 습득하시기 바랍니다.

1. 온라인 수업의 새로운 패러다임, 교사 실재감

2. 온라인 이후, 블렌디드 수업과 교사 실재감

3. 교사 실재감, 관계형성으로 시작하기

4. 교사 실재감, 능동적인 배움으로 이끌기

5. 온 · 오프 수업상황에 대한 학부모 고민 상담

6. 교사 실재감의 네 가지 실천원리: BEING

7. 원리1. 연결되는 관계 만들기 – 고민이야기

8. 원리1. 연결되는 관계 만들기 – 실천이야기

9. 원리2. 교사의 존재감 나타내기 – 고민이야기

10. 원리2. 교사의 존재감 나타내기 – 실천이야기

11. 원리3. 수업의 흐름 이끌기 – 고민이야기

12. 원리3. 수업의 흐름 이끌기 – 실천이야기

13. 원리4. 피드백으로 다가가기 – 고민이야기

14. 원리4. 피드백으로 다가가기 – 실천이야기

15. 교사 실재감 실천을 위한 초대

강의 **신을진**
수업과성장연구소 대표
주요경력 | 숭실사이버대학교 상담심리학과 교수 / 한국아동청소년상담학회 이사
한국게슈탈트상담심리학회 이사 / 서울시교육청 학습도움센터 자문위원 등 역임

강의 **류한나**
수업과성장연구소 선임 연구위원
現 화수중학교 국어교사